Bishop Larry Jackson

La Vrai Valeur d'Une Femme

"Dieu Vous A Concu Pour La Grandeur"

Breastplate Prayer Publications

Sommaire

Préface 5

Dédicace 9

Avant-Propos 11

Introduction.. 17

Section 1: Le Fondement.................................... 21

Chapitre 1: Le début 23

Chapitre 2: L'adoration 31

Section 2: La femme... 47

Chapitre 3: L'Aide Semblable 49

Chapitre 4: La fin de la création........................ 67

Section 3: Le Son.. 77

Chapitre 5: Les Entrailles.................................. 79

Chapitre 6: S'attacher 91

Chapitre 7: Le sexe est Principalement pour les Femmes 99

Chapitre 8: Le son que les Hommes Aiment 107

Section 4: L'alliance 117

Chapitre 9 : Le Vrai Mariage 119

Chapitre 10: La Bonne chose Trouvée 131

Section 5: Guide Pour la Femme Célibataire 139

Chapitre 11: Le vrai Amour 141

Section 6: Le Mouvement 165

Chapitre 12: Naomi et Ruth 167

Préface

C'est la sagesse que vous auriez souhaité avoir il y a dix ans! Il n'y a pas beaucoup de livres qui ont le pouvoir de vous mettre en position pour répondre à l'objectif fixé par Dieu comme le livre de l'évêque Larry Jackson, *La vraie valeur d'une femme*. Larry Jackson est l'un des enseignants de la Bible le plus étonnante et fascinant de la planète. C'est un homme qui marche tous les jours avec honneur et intégrité. Un époux fidèle et père de cinq filles qu'il adore. Il y a beaucoup d'opportunités de mettre en pratique ce qu'il prêche. Lire ce livre est une expérience qui change la vie. Vous ne serez jamais la même!

John Aitken, pasteur Titulaire
Faith Center of Paducah

La vraie valeur d'une femme" est le livre le plus important que j'ai lu cette dernière décennie sur la position de la femme dans le Royaume de Dieu. L'évêque Jackson offre une clarté nouvelle sur la manière dont Dieu a le pouvoir dames réussir dans leur rôle comme la moitié d'un partenariat supranaturel entre un homme et une femme. Il pénètre dans nos cœurs et articule ce que nous avons longtemps soupçonné de notre place sur la planète depuis le Jardin. Si vous ne lisez pas un autre livre sur la conception parfaite du Créateur pour une femme de valeur, lisez celui-ci!

Sarah Adams

En contemplant toutes les vérités que j'ai découvert dans ce livre, le mot qui continu a résonner est la restauration. La lecture de ce livre restaure le pouvoir, l'identité, et l'honneur à chaque femme. Attachez vos ceintures comme évêque Jackson pendant que l'Evêque Jackson décrit le voyage pour entrer en partenariat divin avec le Père, un partenariat qui impacte les générations et déterre le trésor intérieur.

Tia Boone

Depuis 1993, J'ai eu le privilège de passer beaucoup de temps avec l'évêque Jackson. J'ai voyagé avec lui à travers le pays. Je l'ai vu prêcher la parole de Dieu avec beaucoup d'inspiration et d'encouragement pour des milliers de personnes. Je l'ai lui tenir des réunions avec cinq ou cinq mille personnes et le message a toujours été intense et sans compromis quelle que soit de la taille de l'audience. L'Evêque Jackson est un homme de Dieu formidable!

Je crois vraiment qu'il est l'un des secrets les mieux gardés de Dieu. Toute personne l'occasion de passer du temps avec lui est toujours étonnée par son véritable amour et compassion pour les gens authentiques.

L'évêque Jackson est pour moi et plusieurs d'autres homme de Dieu un père spirituel. Il a absolument le cœur d'un père. Il a un cœur qui désire voir tous les fils et filles aller plus loin et réussir plus que lui. J'ai personnellement témoigné qu'il adore sa femme "comme le Christ aime l'église " et il a enlevé ses cinq filles dans la "crainte et l'admonition du Seigneur. "

Avec "Vrai Valeur d'une femme", l'évêque Jackson se dévoile vraiment aux femmes comment prendre leur vrai place en Dieu. Grâce à "La Vrai Valeur d'une femme", les femmes arrivent à voir d'un point de vue biblique qu'elles ne sont pas une pensée après-coup, mais que Dieu était très actif dans leur création, et que les femmes jouent et continuent à jouer un rôle indispensable dans le grand plan général de Dieu. Les femmes qui ont participé aux séminaires de "La Vrai Valeur d'une femme" toutes quitte encouragées et motivées à faire plus pour Christ, parce que ces femmes savent que Dieu leur accorde vraiment de la valeur.

Continuer à Progresser vers la vers l'Objectif
le pasteur Paul Blue
Pasteur principal, Clinton International Church

Pendant un temps, les œuvres publiées de l'Evêque Larry Jackson ont eu la réputation d'avoir touchées les lecteurs à travers et sans le corps du Christ, avec des profondeurs de révélation exactes. Chacun de ses ouvrages a apporté des réalités opératrices dans la vie de ceux qui ont pris le temps de lire.

La dernier conquête de l'Evêque Jackson, "La Vrai Valeur d'une femme" devrait avoir le même, sinon dépasser, l'impact puissant de ses œuvres précédentes.

"La Vrai Valeur d'une femme" est un trésor qui peut obtenu par les femmes qui étudieront ses pages. Chaque femme qui connait des difficultés au niveau de leur vie personnelle; chaque femme qui a des difficultés avec leur vrai identité et le but que Dieu a établi pour elle appréciera cette aventure. Bien que le livre ait été écrit sur la femme pour apporter de la clarté à la femme, ce n'est pas seulement pour elle. C'est un livre qui doit être lu par les maris, pères, frères, fils, et autres personne que Dieu a utilisé pour honorer les femmes dans leur vie. Attendez-vous à être éclairé et encouragé par ce travail bénit de l'Evêque Larry Jackson.

Pastor Diane Chappelle
Ruth Chapel A.M.E. Church
Vision of Hope Ministries, Spiritual Advisor

Dédicace

Ce livre, comme le sont tous mes livres, est dédié à ma femme Joanndra, qui m'a accordée une place dans sa vie pendant 28 ans, et m'a aidé à accomplir les choses qui m'ont été données par notre Seigneur. Merci chérie du fond de mon cœur!

A mes cinq filles; c'est une bénédiction d'être impliqué dans votre vie. Chacune de vous a des qualités que je parle avec les gens dans toutes les diversités de l'église. C'est une chose merveilleuse que vous m'appelez père.

A ma mère, parce que tu m'as montrée comment une femme pourrait être tendre et forte à la fois, ce qui m'a aidé à forger mon opinion sur les femmes dans ma vie. Merci pour l'information que tu m'as donnée, elle sera toujours honorée.

A chacune de mes filles spirituelles qui m'appellent papa aussi, c'est une joie que vous trouvez quelque chose en moi a quoi vous voulez être connecté. Chacune de vous a des endroits spéciaux dans mon cœur.

Aux nombreuses femmes de mon église qui servent à la vision de Dieu et me permettent d'être leur pasteur, merci pour votre amour et votre soutien!

A Annette Williams, je te remercie pour ta patience, et de me soutenir à travers ce projet et bien d'autres. Votre volonté d'apprendre des choses nouvelles pour voir le Royaume de Dieu avancer est spéciale pour moi.

A chaque femme qui a décidée de marcher dans la liberté et l'onction que notre seigneur a donnée, je vous remercie pour votre exemple!

Avant-Propos

Une des émissions de télévision que j'aimais regarder dans mon enfance était les "Beverly Hillbillies". Parce que je regardais ce programme quotidiennement, ça n'a pas pris longtemps pour que les paroles de la chanson du programme soient ancrées dans ma mémoire

Je reviendrais sur le programme télévisé dans une minute. Au cours des 17 dernières années, j'ai été très impliqué dans le mouvement des hommes qui a aidé à affuter et enrichir beaucoup d'hommes à travers l'Amérique du Nord.

Mon propre ministère des hommes " Ministère des Hommes de front " est né en 1999 et fonctionne toujours aujourd'hui dans plusieurs communautés d'églises à travers l'Amérique. Des hommes m'approchent souvent quand je voyage pour me dire comment notre Seigneur les a aidés à changer leurs vies à travers un message particulier que j'ai partagé.

Dieu le Père m'a donné une manière particulière de prêcher aux hommes et c'est une chose merveilleuse de regarder un homme se détourner du péché pour suivre Jésus -Christ notre Seigneur.

L'autre endroit où je me suis concentré durant cette période, c'est aider les dirigeants de la ville à comprendre comment travailler ensemble pour l'avancement du royaume. Parce que beaucoup de ces dirigeants sont des hommes, j'ai concentré mon objectif sur les hommes et les problèmes qu'ils affrontent dans leurs vies.

Pendant mes années de travail avec le ministère des hommes " Gardiens des Promesses", un de mes principaux messages aux hommes concernait le mariage. Le but de ces messages étaient d'enseigner aux hommes comment mener leurs épouses vers la face du Dieu Tout-Puissant, et comment les servir comme Christ a servi et aimé l'église.

Dans mon rôle de pasteur de la communauté locale, je comprends a quel point il est important d'avoir des mariages et familles solides pour la stabilité générale de l'église. Parce que le mariage est sous grande attaque de la culture qui domine aujourd'hui, l'information qui peut aider les couples à comprendre leurs rôles et responsabilités l'un envers l'autre est vraiment indispensable.

Pour cette raison, nous avons développé une classe de mariage qui a lieu deux fois le mois avant le culte du dimanche, et elle a du succès. C'est une des classes les plus fréquentées de l'église et il y a toujours beaucoup d'enthousiasme.

La révélation que Dieu m'a donnée concernant les femmes a commencé à libérer les cœurs et esprits des femmes qui y assistaient. Par la suite, elles ont indiquées que toutes femmes de notre église devraient connaitre ces enseignements, et m'ont demandé d'avoir une séance spéciale pour partager toutes ces informations.

Notre église a un ministère de femmes dynamiques, "Les femmes de Sion", dirigé par ma femme. Le ministère des femmes de Sion est affilié au ministère des femmes pour fraternité des églises internationales "Kingmakers" sous le leadership de l'Evêque Wellington Boone, qui a écrit un livre qui s'intitule également "Kingmakers".

Pour ces raisons, je ne voulais pas avoir d'autre réunion qui pourraient se mettre en compétition ces deux moyens qui fonctionnaient déjà bien d'après moi. Mais les femmes au cours des séances ne cessaient de réclamer alors j'ai finalement succombé, et indique que si elles se chargeaient de l'organisation je le ferais.

Sans pratiquement aucune publicité, par le bouche à oreille and une courte vidéo dans Youtube, on a pu remplir l'église avec des femmes de toute la ville.
Un jour pendant que je préparais la séance, quelque chose s'est réveillé en moi et j'ai réalisé que c'est Dieu et pas les femmes qui avait mis tout

en place ; ce qui me ramène a mon programme télévisé Les Beverly Hillbilies.

Dans la chanson principale du programme, Jed Clampet chante qu'il " ...tirait sur de la nourriture avec son arme, et du sol a commencé à jaillir une substance à bulles. C'était du pétrole, l'or noir, le the du Texas". Il essayait de satisfaire à petit besoin, et une provision différente et beaucoup plus large a été fourni.

C'est comme ça que je vois les informations dans ce livre. Ce n'est pas ce que je cherchais, mais Dieu a donné pour répondre aux besoins de beaucoup de femmes et même des hommes. Les impressions que nous avons reçues de tous ceux qui ont participé à la séance, ainsi que ceux qui ont écouté les messages enregistrés étaient incroyables.

Les hommes qui ont écouté le message indiquent qu'ils n'avaient aucune idée que Dieu avait donné autant de valeur à la femme de cette manière. J'ai partagé le message lors de séances avec les hommes, et toute de suite ils se sont rués vers ma table pour à acheter les produits audio visuels qui avaient été enseignées aux femmes.

Ma prière est que les informations contenues dans ce livre vous aident de la même manière .Maintenant c'est votre temps de puiser dans le puis de pétrole qui demeure très profondément en vous. Si vous êtes une femme qui lisez ce livre, sachez que Dieu n'a jamais créé une personne ou chose sans valeur, donc commencez à penser à vous comme il te voit.

Que Dieu vous bénisse!

Introduction

Ce livre a été écrit d'une perspective complètement différente des autres ouvrages sur le sujet. Quand je vais enseigner ce sujet dans les conférences et églises, je garanti que l'audience m'entendra dires de choses qu'aucune mère ou femme dans leur vie n'a partagé avec elle.

En tant que père, je comprends la manière dont la plupart des hommes aiment leurs filles, et veuillent le meilleur pour elles. C'est le désir profond d'un père d'apprendre à sa fille comment éviter les pièges mis en place par les hommes qui ont un objectif différent à cœur. Les pères m'ont exprimés leur reconnaissance pour le principe de l'information partagé dans ce livre qui les aide avec leurs enfants.

Nous avons entendu des femmes et hommes qui témoignent comment le principe de la Vrai Valeur les a aidés à enseigner la valeur d'une femme à leurs fils et filles. La plupart des gens nous disent qu'ils n'ont jamais entendu cet enseignement. Il a plusieurs femmes à la première réunion de "la Vrai Valeur d'une Femme" dont l'âge varie entre 60 et 75 qui m'ont indiqué qu'elles n'avaient jamais entendu cette information, et surtout pas en provenance d'un homme.

Comprenez que je n'essaye pas de me venter. Une chose est sure: quand quelqu'un fait une déclaration telle que j'ai faite ci-dessus, ça capte l'attention de l'audience ciblée. Mais ce n'est pas une déclaration surprenante conçue pour captiver l'attention au début de ce livre.

Ces choses se sont manifestées même à ma surprise. Tout ce dont je discute a un fondement dans la parole de Dieu. Dieu m'a donné cette information au cours des 25 dernières années pendant que je priais et passais du temps à me concentrer sur les femmes de ma vie. Je parlerais de ma famille un peu plus tard, mais sachez qu'elles sont ma femme, à qui je suis marie depuis 28 ans, et 5 belles filles dont les vies m'ont aidé à comprendre de manière naturelle ce que j'ai découvert.

Avant d'avoir des enfants, je priais pour avoir des filles qui accepteraient les standards de Dieu établis par la parole de Dieu, je n'aurais jamais imaginé qu'Il allait me donner ce genre de révélations sur la femme. En plus de mes filles biologiques, Dieu a placé de nombreuses filles spirituelles qui croient toutes qu'elles sont numéro un et plus favorisées que les autres! Et pour cela, il était important que je comprenne comment augmenter la joie et prospérité des femmes dans ma vie.

Un homme qui comprend la valeur d'une femme comprend sa particularité, en faisant tout son possible pour l'aider à croitre spirituellement et naturellement. Un des problèmes de la société est le suivant : Nous avons perdu l'homme en sécurité qui n'est pas menacé par le succès d'une femme. Comme vous verrez, Dieu a conçu les hommes et femmes pour réussir dans tous les domaines de leurs vies. Lorsqu'ils comprennent ça, ils pourront réussir ensemble au lieu de travailler contre l'autre.

Les femmes sont des créatures merveilleuses, qui ont été créés pour être la couronne qui scelle la création de Dieu. A cause de la chute, la femme a perdu sa place spéciale, et beaucoup de l'objectif initial pour sa vie ne s'est pas accompli, ou dans de nombreux cas, a été complètement oublié!

Mon objectif principal en écrivant ce livre est d'aider les femmes à réaliser qui elles sont, à quel point elles sont spéciales aux yeux Dieu, et savoir qu'elles devraient spéciales à l'homme. Dans la culture d'aujourd'hui, les informations concernant la valeur d'une femme et comment Dieu l'aime sont peut-être plus que suffisantes pour donner raison à mes déclarations précédentes. Mais il y a tellement de choses concernant les femmes qui n'ont pas été profondément explorées par l'église, qu'un livre de cette dimension ne pourrait pas tout inclure.

Après avoir fait ces déclarations, je me rends compte qu'il y a encore des organisations religieuses qui ont une très mauvaise opinion des femmes et leur rôle dans et à l'extérieur de l'église. Elles ont développées de mauvaises perspectives sur le rôle des femmes dans l'église. Ceci est dû au fait qu'elles n'ont pas étudiées la Nouvelle Alliance comme une nouvelle relation avec Dieu, qui surpasse même la relation d'Adam et Mme Adam.

Ca n'étonne personne de voir de nombreuses femmes professionnelles qui ne veulent pas se soumettre au leadership de l'église qui ne les considère pas comme importantes, lorsque le système mondial accepte entièrement leurs compétences et réalisations. Quand je lis la bible et j'étudie la Nouvelle Alliance, il est clair que Dieu a restauré tout ce qui a été perdu dans le péché d'Adam, y compris le rôle de la femme dans la désobéissance.

Si elle est restaurée avec tout ce qui a été corrompu par le péché d'Adam, alors il est temps de retourner à la première intention de Dieu pour son existence, et lui permettre de fonctionner de la manière dont il l'a conçue. Les femmes doivent être informées et commencer à fonctionner comme des femmes de Dieu, et les choses qui semblaient difficile à accomplir seront plus facile parce qu'elles s'accorderont en toute conformité.

Le monde attend et regarde, alors mettons-nous au travail pour mettre en place ce principe longtemps oubliée de la vrai valeur des femmes et leur importance dans la création!

Que Dieu vous bénisse, et bonne lecture!

Section 1: Le Fondement

Vision:

Encourager les femmes grâce à la clarté sur qui elles sont en réalité, l'engagement à Dieu, la connexion les unes avec les autres et la participation de la communauté!

Mission:

Comprendre comment Dieu vous voit. Apprendre à aborder et à influencer les hommes. Comprendre votre véritable position.

Chapitre 1: Le commencement

CR8D

Vous n'aimez pas une femme parce qu'elle est belle, mais est-elle belle parce que vous l'aimez?

-Inconnu

ED(R

Le sujet fondamental dans ce livre est la capacité d'établir de nouvelles bases dans la vie du lecteur, tout en détruisant les anciens bastions qui empêchent beaucoup de femmes et d'hommes d'expérimenter le meilleur que Dieu a pour leurs vies. Pour cette raison, toutes les opinions seront fermement basées sur la Bible (Parole de Dieu) comme source principale du livre. Lorsque d'autres documents de recherche sont référencés, ils seront tous utilisés pour renforcer une vue biblique. Chaque fois que la parole de Dieu est utilisée pour étudier tout sujet, il est important de découvrir quand il a été présenté ou mentionné pour la toute première dans la Bible. C'est le lieu d'origine ou le sujet est abordé, ou la personne est introduite, ce qui nous permet d'avoir une image claire de ce qui est dans le cœur de Dieu concernant l'objet ou la personne.

Je vais utiliser ce premier principe de mention à plusieurs reprises dans ce livre pour aider à établir un bon fondement, et le cadre dans lequel se situe ce sujet extrêmement important. Ma prière est que chaque femme qui lit ce livre puisse mieux comprendre qui elle est et, commence à fonctionner en conséquence. Je prie pour qu'une nouvelle norme se développe et que les femmes commencent à se voir de la manière dont Dieu le veut. Lorsque cela se produira, les hommes célébreront et défendront une fois de plus nos femmes qui sont actuellement utilisées de manière dégradantes dans la culture d'aujourd'hui. C'est également ma prière que les hommes qui lisent ce livre qui ont une mauvaise compréhension, et même un état d'esprit dédaigneux sur la valeur des femmes, puissent acquérir une connaissance qui les aidera à renouveler leurs cœurs et compréhension. Quelqu'un peut-il dire, "Amen?"

À Notre Image

Dans le récit de la Genèse sur la création, la bible indique que l'homme a été créé le sixième jour, mais que Dieu communiquait avec l'homme et la femme avant leur création physique. Puisque Genèse est le premier livre de la bible, il est facile de voir que les choses qui s'y trouvent sont établies dans le principe de la première mention. La lecture du livre de la Genèse aidera à établir une compréhension de l'humanité (homme et femme) et des plans que Dieu avait pour eux depuis le commencement.

Ce qui est apparent immédiatement c'est le fait que la création a été conçue pour répondre à l'homme et de la femme et non l'inverse. Il est également évident que les

24

hommes et les femmes sont tous les deux spéciaux dans le cœur de la Divinité, voire même supérieurs au reste de la création, et qu'ils sont créés pour jouir des œuvres de la main de Dieu.

Dans Genèse 1:26, la bible lit, *Et Dieu dit, Faisons l'homme à notre image* ...

Les mots "faisons "et "notre" est le mot hébreu *Elohim* qui est la forme plurielle de Dieu. Il se réfère au Vrai Dieu de Majesté, la divinité complète- Père, Fils et Saint-Esprit; il est utilisé plus de deux mille fois dans la Bible.

Toute l'existence de Dieu est en plein accord que l'humanité sera créée à l'image de Dieu. Le mot "image est le mot hébreu qui signifie *tselem* l'image, la forme, l'apparence ou semblable à. Nous sommes tous créés à l'image de Dieu.

Quand vous considérez que l'homme est créé à l'image de Dieu, il y a de l'humilité surtout quand vous comprenez qu'aucune autre créature reçue cet honneur. Aucun des animaux n'a eu l'apparence de Dieu, Ses attributs, ou Ses capacités comme ce qui a été donne l'humanité. Il y a des organisations et gens qui tentent de placer les animaux au même niveau que l'homme, mais ce n'est pas trouvé dans la Bible.

La vérité est que les animaux sont tous des êtres créés, mais ils ne sont pas créés à l'image de Dieu. C'est une chose importante d'aimer les animaux et même les protéger des abus, mais ils ne doivent jamais être mis au même niveau que l'homme parce qu'ils ont été placés sous son l'autorité.

Une nouvelle importance doit être donnée au fait que l'homme est formé à l'image de Dieu et a la manière spéciale dont il parait aux yeux de Dieu. Le fondement de tout ce que l'humanité doit accomplir sur cette terre a à voir au fait qu'ils (homme et femme) fonctionnent à l'image de Dieu. Un problème majeur des gens aujourd'hui, c'est qu'ils ont oublié ou débattent même le fait d'être créé à l'image de Dieu.

Il n'y a pas de débat dans la Bible et pour que les femmes se voient de la manière dont Dieu les a destinées, un bon fondement concernant la création est absolument indispensable. Par conséquent, le reste de ce livre va opérer sur la base que Dieu est notre créateur et nous sommes tous créés à Son image.

Le reste du verset de la Genèse 1:26 lit:

Puis Dieu dit *"...et qu'il domine sur les poissons de la mer, sur les oiseaux du ciel, sur le bétail, sur toute la terre, et sur tous les reptiles qui rampent sur la terre. "*

Remarquez que Dieu dit "qu'il", Il n'e parle pas uniquement de l'homme. Il a déclaré que l'homme et la femme fonctionneraient en harmonie avec Dieu pour surveiller la terre. Quand Dieu fait cette proclamation, il n'y a aucune distinction entre eux, pas de séparation d'aucune sorte. L'*Elohim* donne à l'homme et la femme leur autorité pour régner sur la création.

Chaque partie du récit de la création est présentée sous l'autorité de l'homme et la femme, ce qui peut vous faire tourner la tête lorsqu'on considère cette responsabilité énorme. Mais toutefois, ils avaient cette responsabilité et étaient créés avec la capacité de tout gouverner.

Et Il (Dieu) dit:

*Genèse 1:27 Dieu créa l'homme à son image, il le créa à l'image de Dieu, il créa **l'homme et la femme**.*

Le récit de la Genèse révèle le plan de Dieu pour l'homme et la femme au moment de leur création, et il semble qu'ils ont été créés avant d'être formé dans le naturel. Ils communient avec Dieu dans le spirituel ou l'invisible *avant* d'avoir été créés dans le domaine visible naturel. C'est dans le domaine spirituel qu'on reçoit et comprend la vraie autorité.

Le fait que la femme n'a pas été immédiatement créée quand Dieu descend pour façonner l'homme pourrait suggérer à certains que la femme n'était pas aussi importante ou égale à l'homme. Mais il a déjà été établi que l'homme et la femme auraient domination sur les œuvres de la main de Dieu, et l'ordre de leur création de leur corps physique n'a pas changé ce fait.

Ce principe est connu comme l'intention primaire du cœur de Dieu pour l'humanité. Le premier couple a été conçu pour fonctionner comme une personne avec une relation complète et ininterrompue avec leur créateur. Beaucoup ont essayé de déterminer pourquoi Dieu a créé l'homme en premier s'Il ne disait pas que l'homme était mieux que la femme.

La raison pour laquelle Dieu a mis l'homme sur la scène en premier n'est pas parce qu'il était meilleur que la femme, mais dans le but d'un ordre spirituel. L'ordre spirituel deviendra encore plus évident lorsque nous étudions leur responsabilité dans le jardin au-delà de Soyez féconds, multipliez, remplissez la terre. Gardez toujours à l'esprit que Dieu vit l'homme et la femme comme un même s'ils ont été créés à des moments différents.

Il S'agit d'Eux

Dans la Genèse, chapitre 1, chaque fois que l'homme et la femme sont mentionnés, ils sont ensemble; il n'y a jamais un moment où ils sont considérés comme deux êtres séparés.

Genèse 1:28 Et Dieu _les_ bénit, et Dieu _leur_ dit: Soyez féconds, multipliez, remplissez la terre, et l'assujettissez. Ils sont bénis ensemble et produiront ensemble ce qui conduira à l'abondance!

Ils ont également reçu l'autorité au même niveau. Dieu leur a dit qu'ils auraient domination et qu'ils seraient en mesure d'avoir autorité sur toutes choses. Les mots domination et assujettir dans Genèse 1:28 nous donne une révélation du niveau d'autorité qui leur a été donne par Dieu. Le mot hébreu pour la domination est le mot " radah " et le mot pour assujettir en hébreu est " Kabash".

"Radah" signifie le pouvoir de ou droit de gouverner et contrôler; autorité souveraine signifie le contrôle de quelque chose qui se soumet volontairement. On leur a donné la capacité de veiller sur les œuvres des mains de Dieu. Ils domineront sur tout et tout se soumettra volontairement à eux, ils avaient la domination totale sur la création.

Le mot "kabash" signifie conquérir et assujettir ou en d'autres termes faire soumettre les choses qui ne veulent pas se soumettre! Il leur a donné la capacité de veiller sur les œuvres de ses mains; ces choses se soumettraient volontairement, mais Il leur a aussi donné la capacité de mettre en conformité les choses ou la chose qui ne se soumettraient pas.

Le récit de la chute dans la Genèse chapitre 3 nous permet de savoir qu'il y avait un ennemi de Dieu qui se cachait dans le jardin qui n'allait pas se soumettre volontairement. Ce qui doit être clair, c'est que l'homme et la femme ont la capacité de mettre en conformité celui qui désobéit. A plusieurs reprises, nous avons discuté comment Adam aurait dû traiter ce problème, et il aurait dû le faire, mais nous devons reconnaître que la femme avait la capacité de le faire autant. Parce que Dieu _leur_ a donné ce pouvoir, elle n'avait pas à succomber au charme de l'ennemi ou même avoir une conversation avec lui. Elle aurait pu le subjuguer depuis le début.

Ils avaient autorité sur tout ce qui ce qui vivaient et se déplaçaient sur la terre, puisque cet ennemi avait incarné quelque chose de vivant et se meuvait (le serpent), elle avait pleine autorité sur elle. Nous étudions cela plus tard, mais il faut comprendre qu'elle n'était pas une créature faible qui avait besoin de son mari pour la faire sortir de cette situation.

Genèse 1:28: *dominez sur les poissons de la mer, sur les oiseaux du ciel, et sur tout animal qui se meut sur la terre.*

Quand elle n'a pas réussi à fonctionner dans son autorité, alors toute la responsabilité est tombée sur l'homme pour régler le problème, mais comme nous le savons et discuterons plus tard, il ne l'a pas fait. Pour l'instant, il est important de réaliser que la femme avait le même niveau d'autorité et qu'ils fonctionnaient comme un.

Chapitre 2: L'adoration

ⵛⵣⴱⵡ

"Une femme est comme un sachet de thé. C'est lorsqu'on le met dans de l'eau chaude qu'on découvre s'il est solide."

~Eleanor Roosevelt

ⴲⵓⵕ

*Genèse 1:26-28 Puis Dieu dit: **Faisons** l'homme à notre image, selon **notre** ressemblance, et qu'**il** domine sur les poissons de la mer, sur les oiseaux du ciel, sur le bétail, sur toute la terre, et sur tous les reptiles qui rampent sur la terre. [27]Dieu créa l'homme à son image, il le créa à l'image de Dieu, il créa l'homme et la femme. [28]Dieu **les** bénit, et Dieu leur dit: **Soyez** féconds, multipliez, remplissez la terre, et l'assujettissez; et dominez sur les poissons de la mer, sur les oiseaux du ciel, et sur tout animal qui se meut sur la terre.*

Genèse 1:26-28 est connue comme la mission de la Domination. On donne a l'homme et la femme le pouvoir de domination ; ils ont la domination parce c'est ce que Dieu leur a donné, et tout ce qu'ils avaient à faire pour obtenir cette domination c'est d'être créés à l'image de Dieu. Apres discussion de ce chapitre avec la majorité l'église, je n'ai aucun doute qu'i faut comprendre la mission de domination. L'humanité (homme et femme) est l'autorité suprême sur la terre et tout est fait pour eux. Sans faire la lumière sur la mission de domination parce qu'elle a été réalisée avec une grande responsabilité, est-ce tout ce que l'homme et la femme avaient à faire dans ce paradis?

Genèse 2 nous donne une meilleure compréhension des raisons pour lesquelles Dieu a créé l'homme avant la femme, et les tâches qu'il accomplissait qu'aucune autre créature ne pouvait accomplir. La création de l'homme était très différente de toutes les autres créatures ou chose créée avant lui.

Genèse 2:7-8; L'Éternel Dieu forma l'homme de _la poussière de la terre_, il souffla dans ses narines un souffle de vie et l'homme devint un être vivant. [8]Puis l'Éternel Dieu planta un jardin en Éden, du côté de l'orient, et il y mit l'homme qu'il avait formé.

Genèse 1 décrit le récit de la création en détaillant ce qui s'est passé chaque jour, et que Dieu a parlé pour que les choses visibles existent. Une fois que la divinité prend la décision de créer l'homme, Dieu vient sur terre et façonne l'argile de manière intime au lieu de simplement déclarer. Dans tous les récits de la création avant ce point, Dieu a parlé et ça c'est réalisé. Dieu dit: "Qu'il en soit " et il fut.

C'était Spécial

Il descend et avec ses mains façonne homme avec de l'argile, ce qui apporte une intimité. Je crois que Dieu suit ce processus parce que l'homme a dû être créé à son image après sa ressemblance.

Genèse 1:26 et 27 révèlent que l'homme et la femme étaient créés à l'image de Dieu, mais à ce moment aucun d'entre eux n'était formé dans le naturel.

Ils ont été créés, et la communication avec Dieu était spirituelle avant qu'il descende pour façonner l'homme dans le naturel. L'étape supplémentaire qui est de façonner l'argile avec Ses mains nous indique de manière notable l'importance que Dieu a placé à l'humanité. Puis on donne l'autorité au couple de dominer sur toute la création. Un autre principe important révélé ici qu'on doit comprendre est : *La vraie autorité doit être reçue spirituellement avant qu'elle ne soit appliquée dans le naturel.* A travers des moyens spirituels Dieu veut être présent de manière intime dans tous les domaines de la vie de l'homme.

Une évidence supplémentaire de l'importance de l'homme à Dieu est présente quand il donne le souffle à l'homme. Dieu prend le visage de l'homme dans ses mains et lui insuffle un souffle (Esprit) et l'homme se réveille comme une âme vivante. Avez-vous pensé au fait que Dieu a embrassé l'homme afin que la pénètre son corps ? Grâce à ce processus intime, l'homme devient un être spirituel qui possède une âme et la vie dans un corps.

Le souffle a pénétré dans le corps, et l'âme a été formée; ce qui est la chose la plus précieuse que tout le monde possède. L'homme devint une âme vivante. Une âme vivante indique que l'âme est une source de vie indépendante. Il obtient la direction de l'esprit, mais il peut vivre seul, sans l'aide de l'esprit de l'homme. C'est pourquoi l'homme a un esprit vivant de Dieu, une âme vivante et un corps vivant qui constituent les trois parties d'un être vivant. Puisque que l'homme est en parfaite unité avec le Seigneur à ce point, et marche dans l'autorité spirituelle, l'âme fonctionne la manière dont elle a été conçue. Cette âme de l'homme jusque-là est complètement soumise à son esprit!

Dieu communie avec l'esprit de l'homme qui est l'existence réelle de l'homme, et l'esprit instruit l'âme qui dirige le corps. L'âme qui se compose de son esprit, sa volonté et ses émotions le différencient de toute autre créature sur la terre. Mais Dieu place l'homme dans un environnement contrôlé pour apprendre l'obéissance et marcher en relation avec lui.

L'Epreuve du Terrain

Genèse 2:9 *L'Éternel Dieu fit pousser du sol des arbres de toute espèce, agréables à voir et bons à manger, et l'arbre de la vie au milieu du jardin, et l'arbre de la connaissance du bien et du mal.*

C'est étonnant le fait qu'Adam possède la domination sur toute la terre, mais Dieu plante et le met dans le jardin. Il ne domine pas toute la terre entière même s'il a l'autorité sur toutes choses. Il est placé dans le jardin afin de prouver son autorité et de développer son intimité avec Dieu.

Ce principe fonctionne de la même manière aujourd'hui dans lequel Dieu donne a une personne une petite part de responsabilité avant que l'autorité promise et responsabilité ne soient complément misent entre les mains.
 Dieu donne très rarement tout en premier. Il commence généralement de manière simple avec une personne, et de manière étonnante Il élève la personne à un niveau bien au-delà du point de départ.

Job 8:7: *Ton ancienne prospérité semblera peu de chose, Celle qui t'est réservée sera bien plus grande.*

Ezéchiel 36:11 *Je multiplierai sur vous les hommes et les animaux; Ils multiplieront et seront féconds; Je veux que vous soyez habitées comme auparavant, Et je vous ferai plus de bien qu'autrefois; Et vous saurez que je suis l'Éternel.*

Le jardin est un grand endroit arrosé de tous côtés avec quatre cours d'eau courante en provenance d'une rivière d'Éden. Il est également important de comprendre qu'Eden n'était pas le jardin, mais le jardin était dans Eden. Il y a tellement de choses que nous avons manqué de ce récit de la création de l'homme que notre compréhension de l'homme et surtout la femme est limitée. La Bible nous dit que c'était le jardin "d'" Eden, pas que le jardin appelé Eden. Lorsque la Bible nous dit que le Jardin d'Eden a été planté du coté Est d'Eden, nous devons nous demander qu'est-ce qui se situait vers l'ouest, le nord et le sud?

Ce jardin avait un espace vaste où on pouvait trouver de l'or et des pierres précieuses qui décoraient le sol. Il y avait toute sorte d'arbre avec des fruits et deux arbres très importants: l'arbre de vie et l'arbre de la connaissance du bien et du mal. Pour comprend le principe de l'épreuve du jardin, on a ordonné a Adam a de ne pas manger de l'arbre de la connaissance du bien et du mal.

Genèse 2:10-12 Un fleuve sortait d'Éden pour arroser le jardin, et de là il se divisait en quatre bras.11 Le nom du premier est Pischon; c'est celui qui entoure tout le pays de Havila, où se trouve l'or. 12 L'or de ce pays est pur; on y trouve aussi le bdellium et la pierre d'onyx.

Puisque que tout était sous l'autorité de l'homme, une action consciente de l'obéissance ou essayer de montrer sa fidélité à Dieu n'était pas possible. Dieu a fait de l'homme l'être suprême sur la terre et il n'y avait rien de plus grand.

Tout sur la terre lui répondait et a suivait ses ordres sans poser de questions, et pour cette raison, une des fonctions de l'âme n'est presque jamais engagée.

Le commandement de Dieu au sujet de l'arbre de la connaissance du bien et du mal était le seul endroit où Adam a dû exercer sa volonté. L'homme devait décider d'obéir à Dieu sous cet ordre afin qu'il puisse fonctionner entièrement comme un être humain qui utilise toutes les parties de son âme.

Chaque fois qu'il regardait l'arbre, son âme était engagée et la décision (en utilisant sa volonté) d'obéir Dieu était s'encrait plus profondément dans sa vie. Après ce point important, la Bible donne un aperçu du travail dont l'homme était responsable, avant que sa femme ne soit créée et lui soit présentée.

Tout homme qui est à la recherche d'une femme et chaque femme qui souhaite se marier doit comprendre le travail que Dieu a donné à l'homme avant la chute, et que ce travail devrait fonctionner dans sa vie avant de se marier.

Cultiver et Garder

Genèse 2:15 L'Éternel Dieu prit l'homme, et le plaça dans le jardin d'Éden pour le cultiver et pour le garder.

Quand l'homme est créé, tout le reste est déjà formé sur la terre et opère de la manière dont Dieu a tout conçue. Chaque plante et arbre produit sa propre espèce. Tous les animaux produisent après leur propre espèce et n'ont pas besoin de l'aide de l'homme. On trouve des métaux précieux partout qui semblent être une forme de décorations. La beauté de l'endroit est magnifique. On n'a pas besoin de produire quoi que ce soit. Dieu a déjà pris soin de tout.

L'homme est placé dans le jardin pour profiter des animaux, des arbres, les fruits et tout ce qui a été pourvu par la main de Dieu. Donc, il n'y a rien d'autre à faire que de jouir des œuvres de Dieu. Alors s'il n'y a rien à planter, alors que faisait-il ? Peut-être qu'il ratissait les feuilles mortes et soignait les plantes ou quelque chose de la sorte. Le problème avec cette théorie, c'est le fait que rien sur la terre n'était en train de mourir, parce qu'à ce stade, le péché n'existait pas. La Bible enseigne que la mort vient là où il y a le péché.

Romains 6:23 Car le salaire du péché, c'est la mort; mais le don gratuit de Dieu, c'est la vie éternelle en Jésus Christ notre Seigneur.

Nous comprenons le concept de la mort et nous attendons la mort, parce qu'à partir du moment où nous sommes nés, nous commençons à mourir. Nous avons connu la mort tout autour de nous sous différentes formes, et elle se retrouve d'une certaine manière dans tout ce que nous puissions penser. Nous sommes habitués à la mort, si bien que nous déclarons que la mort fait partie de la vie. Ce n'était pas vrai pour Adam. Il n'y avait pas de mort. Il n'y avait que la vie.

S'il n'y a pas de mort, rien ne meurt. S'il n'y a rien qui meurt, il n'y a pas de fruit pourri, pas un brin d'herbe qui dépérit, aucune fleur qui se fane. Tout reste dans son état original et en bonne condition. Si c'est difficile pour vous de comprendre, tout ce que vous avez à faire c'est penser au ciel. Il n'y a pas de mort dans le ciel.

Alléluia! Il n'y a plus de mort quand vous arrivez au ciel. N'est-ce pas génial? Tout dans le ciel continue à croitre, y compris les arbres et plantes.

De plus, il n'y a plus de souffrance, plus de maladie. Souffrance et la maladie sont des choses qui ont été produites à cause du péché qui provoque la mort. Le temps devient également un facteur très important dans la vie, parce que nous devons tous mourir. Quand l'homme a été créé il n'était pas soumis au temps. Comment savons-nous cela? Parce que sans le péché, la mort n'existe pas, par conséquent il n'y rien pour marquer le temps.

A mon avis, il n'y avait pas d'anniversaires parce ça n'était pas nécessaire. La raison pour laquelle nous comptons les anniversaires c'est parce nous savons que nous allons mourir. Nos vies sont représentées par le trait d'union sur la tombe entre la date de notre naissance et de mort. Serait-il nécessaire de compter les anniversaires si nous savions que la mort ne faisait pas partie de l'équation?

Maintenant que nous réalisons que l'homme n'avait pas comme responsabilité de planter, ratisser ou soigner quoi que ce soit, alors que faisait-il dans le jardin pendant la journée? La Bible nous dit clairement ce qu'il faisait.

Genèse 2:15 L'Éternel Dieu prit l'homme, et le plaça dans le jardin d'Éden pour le cultiver et pour le garder.

Il était là pour faire deux choses, qui étaient: cultiver et de garder le jardin.

Le mot cultiver dans le verset est traduit par travailler, soigner ; mais nous avons déjà discuté et réfuté ces possibilités. Le mot hébreu Soigner dans le verset est "abad ". Ce mot signifie travailler ou travail, c'est pourquoi il est traduit par travail, soigner dans la plupart des bibles. Mais c'est la définition approfondie qui devrait vraiment être utilisée pour formuler les responsabilités de l'homme dans le jardin, qui est d'adorer de manière sacerdotale.

Cela fait plus de sens parce qu'Adam était la seule créature qui pouvait donner à Dieu le culte volontaire qu'il méritait. Ce culte préparait l'espace pour que Dieu descende et communie avec l'homme chaque jour. C'est une autre manière à l'âme de l'homme de devenir active dans l'expérience du jardin.

L'homme n'était pas là pour soigner les plantes, il était là pour donner une valeur (un culte) à Celui qui a créé toutes les merveilles et beauté dont il jouissait. Le deuxième mot d'importance est de garder, ou mieux traduit, protéger, l'endroit où il devrait adorer.

Mettre En Place l'Atmosphère

Dans la plupart des églises aujourd'hui il y a des projecteurs connectés à des ordinateurs et l'Internet; mais il serait inadmissible de projeter la chaine Playboy dans un l'écran à l'église. Ce serait une chose horrible, n'est-ce pas? D'accord, nous n'arriverons pas à ce point.

Serait-il approprié de projeter la plupart des chaines du câble a l'église ? Pourquoi pas ? Parce que l'Église est appelée la maison du culte; elle doit rester à l'abri de sorte de distraction, et un endroit où le péché n'existe pas. Elle est préparée pour Dieu et sa présence seulement.

Le problème auquel sont confrontés beaucoup de gens de l'église est qu'ils acceptent ces programmes qui ne seraient pas permis dans leur église, dans leurs maisons. Ils déclarent en quelque sorte que leurs maisons ne sont pas des lieux de culte.

Si nos maisons ne sont pas des lieux de culte, alors l'ennemi peut venir y habiter. Quand l'ennemi vient habiter, les gens essaient de l'expulser de leur vie, mais le problème est qu'ils lui ont involontairement déroulé un tapis. Quand l'ennemi se manifeste, la plupart des gens déclarerait qu'il ne vient pas de leur demeure. Ils iraient même a le chasser; mais il n'est pas bon de chasser quelqu'un qui a été invité.

Pourquoi inviter une personne à son domicile et par la suite le chasser lorsqu'il se présente? Si on ne veut pas une personne dans nos maisons, il ne devrait pas avoir d'invitation. Nous devons être le genre de personnes qui savent comment préparer leurs demeures afin que Dieu vienne communier avec nous régulièrement.

Il en était de même avec Adam, qui était responsable d'adorer Dieu au tout début, et de protéger le jardin de toute chose qui pourrait nuire leur communion. Nous devons faire tout ce qui est nécessaire pour se trouver là où nous pouvons adorer Dieu, et cultiver une atmosphère qui Lui plaît et invite sa présence. En même temps, nous devons résister à tout ce qui pourrait freiner ou arrêter notre adoration.

Le jardin était bien soigné par un homme parfait pour que le Dieu de majesté apprécie. Tous les animaux et les plantes étaient conduits à un niveau d'expérience plus élevé à travers l'adoration d'Adam. Comme nous allons le voir, cette relation va s'accroitre une fois que la femme entre en scène. C'est la relation d'adoration qui va permettre que tout soit aligné parfaitement avec Dieu.

Tout dans le jardin était parfait, et préservé comme il était ainsi jusqu'au moment où l'homme a désobéi à Dieu et mangé de l'arbre de la connaissance du bien et du mal. A cet instant, tout ce que Dieu avait proclamé de bon a été contaminé par le péché de l'homme.

C'est une preuve supplémentaire que tout était créé pour l'homme puisque les créations ne sont plus alignées avec l'intention de Dieu après la désobéissance de l'homme.

L'essentiel

En résumé, la terre était parfaite et Dieu a placé l'homme et la femme dans le jardin où ils communiaient ensemble et en particulier avec Lui. Mais ils n'ont pas protégé leur place avec Lui et ont désobéi au seul commandement qui leur avait été donné; ce qui les a fait perdre l'endroit de perfection et la communion avec Dieu. Tout a changé instantanément.

Christ est venu pour ramener l'homme à son premier état en Dieu, et rétablir la communion avec Dieu et entre eux. Par conséquent, ceux qui ont accepté l'œuvre de l'accomplissement de Jésus, l'église, devraient penser et se mettre en position pour vivre comme dans la période avant la chute de l'homme sans péché, et non comme des êtres qui ont failli et continuent à opérer sous le poids du péché et de la honte.

C'est 'une déclaration facile à faire, mais qui peut être difficile à vivre quand tout autour de nous est complètement différent de tout ce que Adam a connu avant la chute. La grandeur dans laquelle Adam et sa femme vivaient est impossible à imaginer lorsqu'on vit en dehors de Christ, et difficile à pénétrer même une fois qu'une personne a donné leur vie au Seigneur.

La meilleure description visuelle, qui n'est pas très riche, est d'imaginer que vous être dans une vallée verdoyante avec des fleurs si belles qu'elles semblent avoir été peintes sur le paysage. Écoutez les sons des chants d'oiseaux et les abeilles bourdonnantes et celui d'un cerf qui rumine des feuilles. Alors que vous vous tenez sur cet endroit, vous sentez la brise fraiche qui vous passe doucement au-dessus d'une vallée, et tout semble bien dans le monde et votre vie.

Vous revenez le lendemain au même endroit pour profiter à nouveau de la belle scène et l'expérience de la veille, mais la nuit il y avait un feu qui a brûlé toute la vallée, et tout ce qui était vert a maintenant disparu et a été remplacé par la noirceur et la mort. Les sons ont disparus et vos narines sont remplies de l'odeur de fumée et de cendres. Il n'y a pas d'animaux vivants en vue, beaucoup ne pouvaient pas s'échapper a temps et leurs corps calcinés jonchent la vallée.

Il y aurait une grande tristesse dans votre cœur, et le désir instantané de revivre la belle expérience passée s'élèverait dans votre âme. La chute d'Adam est bien pire que cette image que je décris! Cette création tout entière a maintenant du mal à se libérer des conséquences de la chute. La Bible déclare que toute la création gémit pour la manifestation des fils de Dieu. La raison pour laquelle les gens ne comprennent pas ceci, c'est parce qu'ils n'ont jamais vu a quoi ressemblait, alors la vallée avant d'être brûlé ils pensent que tout est normal.

Romains 8:19-22 Aussi la création attend-elle avec un ardent désir la révélation des fils de Dieu.[20]Car la création a été soumise à la vanité, -non de son gré, mais à cause de *celui qui l'y a soumise, ²¹avec l'espérance qu'elle aussi sera affranchie de la servitude de la corruption, pour avoir part à la liberté de la gloire des enfants de Dieu.²²Or, nous savons que, jusqu'à ce jour, la création tout entière soupire et souffre les douleurs de l'enfantement.*

Dans Genèse 1 et 2, une image beaucoup plus différente de celle dont l'Apôtre Paul parle dans Romains 8 est révélée. Dès l'instant où la divinité détermine que l'homme serait créé, il est entendu que l'homme devrait opérer dans la faveur et la capacité de Dieu. Rien sur la planète ne gémit sous forme de souffrance et tout est bon!

Jésus est venu pour restaurer l'homme, la femme et toute autre chose affectée par la chute. Ce n'est que par Jésus que nous pouvons voir la vallée avant l'incendie.

Section 2: La Femme

Chapitre 3: Une Aide Semblable

""Une chose de beauté est une joie éternelle: Cette beauté augmente; elle ne perdra pas sa valeur, mais continuera à la garder."

~John Keats

L'Éternel Dieu dit: Il n'est pas bon que l'homme soit seul; je lui ferai une aide semblable à lui. Genèse 2:18

Prenez note de ce que Dieu n'a pas dit, il n'a pas dit que l'homme était seul.

Comme nous l'avons vu dans le chapitre précédent, Adam n'est pas seul parce qu'il est en communion avec Dieu. La solitude peut apporter des sentiments de dépression et de besoin qui peuvent forcer une personne à se concentrer sur la nécessité d'avoir de la compagnie, d'être soutenu, et bien d'autres pièges qui viennent avec la solitude.

Mais il est impossible d'avoir des sentiments de solitude en passant du temps important avec Dieu. Adam marchait avec Dieu tous les jours, et a été créé pour le bon plaisir de

Dieu avec la mission de Lui montrer de la valeur. Cela me dit qu'il avait une vie comblée et très productive. Dieu donne un sens d'accomplissement a ceux qui l'adorent en esprit et en vérité.

Une des choses à laquelle je mets les célibataires en garde est de ne pas se marier pour tenter de surmonter les sentiments de solitude. C'est une recette vouée à l'échec! Parce que le problème de la solitude est trop grand et profond pour un être résolu par un autre être humain, et ne peut être rempli que par le Seigneur.

Dieu a une place dans le cœur de l'homme qui ne peut être comblé que par lui et personne d'autre ! Il a laissé ce vide afin que l'homme le désire et l'invite à le remplir, mais beaucoup de gens tentent de le remplir avec le travail, une carrière ou même d'autres personnes justes pour découvrir qu'il est impossible de remplir ce sentiment avec quelqu'un ou chose autre que Dieu !

Si vous êtes célibataire et il vous arrive de lutter contre le sentiment de solitude, je suis désolé de le dire de cette manière, mais vous devez vérifier votre relation avec le Seigneur. C'est de mon expérience personnelle que je peux dire que Dieu remplit chaque endroit isolé dans votre vie. Vous ne pouvez pas être seul quand vous passez du temps avec Dieu. C'est impossible! Il ne le laissera pas se produire!

Seul avec Dieu

Moïse a passé quarante jours et quarante nuits sur la montagne avec Dieu et n'a jamais été seul. Il était seul, mais il n'a jamais été seul. La Bible indique que Dieu a dû faire le faire retourner dans la vallée et quitter la montage ou se trouvait la présence de Dieu.

Pensez à passer l'éternité dans la présence de Dieu et à ne jamais avoir assez de Sa gloire et présence. Avec ça à l'esprit, comment pouvons-nous avoir une relation importante avec Dieu sur la terre et avoir la solitude qui envahit nos vies? Lorsque votre relation avec Dieu est là où elle devrait être, un compagnon humain pourrait se sentir comme s'il se plaçait au milieu de votre relation avec Dieu.

Pendant les périodes où l'adoration est exprimée, des mots d'amour et de joie sont exprimés qui remplissent un grand nombre de nos besoins émotionnels. Ensuite, il y a des déclarations telles que: Pourquoi devrais-je vous laisser? Seigneur, Tu me suffis. Tu es tout pour moi, Père. Seigneur, Tu me fais sentir plus que ce que je puisse ressentir avec une personne. Tu remplis chaque coin et recoin de ma vie. Amen!

Il est très important de trouver un endroit important avant d'entrer dans une relation avec quelqu'un; Je l'appelle: la relation "Dieu et toi". Votre vie entière sera pleine d'énergie, et la joie de l'Eternel sera votre force. Je sais que ça peut paraître démodé et même un peu bizarre, mais Il peut encore prendre soin de vous.

Il y a beaucoup de choses que nous disons avec notre expérience dans l'église qui n'est pas devenu une réalité dans nos vies: Il peut être une mère ou un père à l'orphelin. Il peut être un ami a ceux qui n'ont n'en point. Ce sont les choses que nous déclarons juste de apaiser nos âmes ou pour mieux se sentir pendant les épreuves.

Nous utilisons également ces déclarations pour consoler quelqu'un d'autre qui est confrontée à des épreuves de la vie, mais ces déclarations ne deviennent une réalité que lorsque notre "relation avec Dieu" est ferme. Qu'est-ce que je veux direpar là? Si vous êtes seul, vous devez trouver du temps à passer seul avec Dieu !

Pas une relation à l'église; Une relation importante avec Dieu et vous seul. Je parle d'un temps où vous parlez au Seigneur comme vous parlez à chaque ami que vous connaissez. Arrêtez de penser en termes religieux, juste parler à Dieu sans essayer d'utiliser un langage de la Bible Louis Segond. Soyez vous-même et apprenez à apprécier la relation que Dieu a avec vous.

Le temps de Dieu

Adam est engagé dans une relation vitale avec Dieu, et Dieu prend la décision qu'il n'est pas bon que l'homme adore seul. Notez qu'Adam n'a pas demandé à Dieu une femme, c'était une décision de divinité. Dieu a déterminé le bon moment pour que la femme soit créée afin que l'homme et la femme puissent commencer à fonctionner dans leur union.

Alors Dieu lui fit une aide *semblable*. Le mot "aide" dans ce passage ne devrait pas être traduit par "compagnon " parce que ce mot change complètement le but de la création de la femme, et à bien des égards, dévalue la femme avant même qu'elle ne soit présentée à l'homme. Le mot aide indique qu'Adam avait un besoin de s'accoupler et que Dieu a créé la femme afin de remplir ses besoins. Pour être féconds, multipliez, et remplissez la terre était absolument une partie de la mission de domination, mais c'était afin que la terre se remplisse d'êtres humains, tout en relation avec Dieu! Nous comprenons clairement que la femme est essentielle pour que cette mission devienne une réalité, mais il faut comprendre que le premier couple n'a pas été motivé par leur chair ou tout autre désir naturel.

Dieu l'a créée tout d'abord pour "aider" la responsabilité qu'Adam avait de cultiver et de garder le jardin. Dieu n'a pas permis de déterminer qu'il était temps pour Adam de ne plus être seul parce qu'il voulait qu'il "s'accouple ", ce qui dans ce cas aurait seulement satisfait le besoin d'Adam. Mais elle a été créée afin qu'ils puissent être en plein accord pour adorer leur Créateur.

Rappelez-vous, dans la Genèse 1, Dieu leur parlait et leur a donné la domination sur toute la création. Par conséquent, la femme est tout aussi capable que l'homme d'exercer le pouvoir établi par Dieu. Elle avait également une relation avec Dieu qui a complètement rempli de but de la création conçu pour "eux! "

Dans Genèse 2, l'ordre de la création humaine est discuté, et concerne plus la communion que la suprématie. Adam appris l'importance de l'adoration de Dieu seul, avant d'avoir eu la responsabilité d'aimer et communier avec son épouse. La femme a été créée pour rejoindre l'homme dans sa communion afin qu'elle puisse adorer avec lui. Ce devrait être le modèle que les femmes suivent aujourd'hui. Une femme devrait se joindre un homme qui aime l'adoration, dans sa poursuite de Dieu. Elle peut reconnaître cet homme à cause de son propre engagement à l'adoration et l'importance accordée à sa relation avec Dieu.

Dieu a utilisé un mot intéressant pour identifier la femme qui allait joindre l'homme dans l'adoration. Il l'a appelée une " aide semblable! " Beaucoup de nos bibles traduisent ce mot par "compagne", mais d'après mes études c'est une traduction incorrecte. La traduction a été faite de cette de façon à cause de la manière dont nous voyons les choses après la chute (le péché) de l'humanité. Comme je l'ai mentionné plus tôt, c'est ma conviction que Dieu avait un plan beaucoup plus grand et profond pour la femme que d'être simplement la compagne de l'homme.

Le mot en hébreu pour " semblable" dans Genèse 2:18 est le mot "Neged," prononcé "neh - GHED." Ce mot se trouve dans les Concordances Bibliques Strong avec le numéro de référence 5048 et qui signifie :

1. Qui est devant (adverbe)
2. Devant, avant droite, avant, en vue de
3. Devant soi, directement
4. Avant votre visage, de votre point de vue ou dans le but de (préposition)
5. Qui est devant, correspondant à
6. Devant, avant
7. Dans la vue ou de la présence de
8. Parallèle à
9. Au-dessus, pour
10. Devant, a l'opposé
11. À une distance (préposition)
12. De l'avant, loin de
13. Devant les yeux de, opposée à, à une certaine distance de
14. D'avant, devant
15. Jusqu'à devant

Remarquez que le mot "semblable " (Neged), n'a absolument rien à voir avec l'accouplement. Le mot indique la compréhension de la position de la femme dans sa relation avec l'homme.

Elle doit être à l'avant, avant, à la vue de, en face de quelqu'un, directement, avant votre visage, dans votre vue ou but. Cela ne correspond pas au point de vue de la société sur la position de la femme parce que la société dit qu'elle doit rester derrière l'homme. On dit " Derrière chaque grand homme il y a une grande femme. " Ce n'est pas la manière dont Dieu l'a conçu et ça ne remplit pas son but. La citation ci-dessus est communiquée sur les podiums des églises, dans les plates-formes, à la télévision, aux dîners à table et dans les séances de counseling, mais c'est un mensonge de l'enfer, et la plupart des femmes ont adopté et l'emploient maintenant comme vérité.

Dieu n'a pas conçu la femme pour aider l'homme à devenir plus important ou avoir plus de succès, puisque les deux ont été déjà faits à l'image de Dieu, et avaient toutes les capacités nécessaires pour remplir les fonctions et autorité établie énoncés par Dieu.

Après la désobéissance de l'homme dans le jardin où ils avaient mangé de l'arbre de la connaissance du bien et du mal, la femme a été placée dans un rôle de servante. A partir de là, les femmes on commence être considérées comme des instruments pour répondre aux besoins et désirs de l'homme. Dans le vrai sens, elles ont été dévaluées!

C'est pour cette raison que la femme doit adopter et accepter l'accomplissement de Christ, car c'est à travers Christ qu'elle est ramenée à sa position initiale. On lui restitue sa valeur et la ramène dans son domaine d'origine où elle et l'homme faisaient un. Le christianisme est la seule religion qui prévoit la restauration des femmes à leur place initiale. Aucune des autres religions n'accorde cette place aux femmes; Elles sont toujours placées dans des rôles subordonnés aux hommes.

Dans de nombreux cas, elles sont complètement ignorées, vendues comme esclaves, traitées durement, violées et même tués sans vrais remords. C'est parce qu'elles ne valent pas beaucoup plus qu'un animal aux yeux des hommes dans ces cercles religieuses et sectes. Il y a même des organisations religieuses qui n'accordent toujours pas aux femmes la liberté d'opérer au niveau pour lequel elles ont été conçues. On n'aurait jamais transmis le premier message après la résurrection du Christ à une femme. Mais Jésus l'a fait!

Lorsqu'on examine la position que la société déclare qu'une femme doit avoir par rapport à un homme, on va combien elle a été dévaluée.

"Derrière chaque grand homme il y a une grande dame!" C'est l'une des plus célèbres citations qui parle de la situation des femmes. Par conséquent, cette citation doit être l'un des premiers adages à faire disparaitre de l'église et la mentalité de la société.

Une des choses que nous savons, c'est que l'homme est appelé à être le protecteur de sa famille et ses proches. Pensez à un ennemi spirituel qui fait tout en son pouvoir pour détruire la vie et la vision. Si la femme se tient derrière l'homme pour l'aider en quelque sorte à réaliser ses objectifs dans la vie, il ne peut pas protéger ses arrières contre l'attaque de cet ennemi.

Si elle est derrière l'homme pour le pousser, elle peut être attaquée par derrière sans que l'homme ne puisse vraiment faire quoi que ce soit. Je suis convaincu que c'est l'une des raisons pour lesquelles tant de femmes souffrent d'une faible estime de soi et d'un manque de sens de leur existence. Elles pensent que c'est leur rôle dans la vie de rendre un homme grand!

Il a également été beaucoup suggéré que la femme doit se tenir du côté de l'homme à un même niveau d'égalité. Revenons au premier exemple concernant l'ennemi spirituel et l'homme qui est le protecteur; l'homme est maintenant en meilleure position pour voir la femme qu'il est chargé de protéger, mais elle est toujours exposée et vulnérable. Ceci me dit que l'ennemi a encore un point d'accès dans la vie de cette femme. Je vous assure qu'être derrière ou à côté de l'homme n'est pas la bonne position pour la femme dans la vie d'un homme.

Rappelez-vous, la définition d'"aide semblable" signifie se mettre devant. C'est son endroit. Pourquoi sa position est devant l'homme? Premièrement, c'est un endroit de sécurité complète et il n'y a rien qui puisse attaquer ou lui nuire sans être vu; Son dos n'est plus exposé comme dans les autres positions que j'ai mentionnées précédemment. L'homme doit se concentrer d'abord sur elle et non sur ses propres ambitions du travail et objectifs dans la vie; Il doit comprendre que la femme n'est pas placée pour le rendre grand. Il est placé pour la protéger et pour *elle*, afin que les deux ensemble puisse concentrer leur attention sur le Dieu qui a tout créé, et à l'adorer pour la grandeur et la bonté dont ils jouissent grâce à son amour. L'adoration est très importante parce que c'est l'endroit à partir duquel

Dieu donne l'instruction sur prière, et là où la vision de la responsabilité du couple est reçue.

Lorsque la femme est bien en place, elle a le devoir d'annoncer la vision et les objectifs de l'union, et la manière avec laquelle tous les deux l'accompliront. Même si elle est placée à l'avant, elle n'est pas à la tête. Certains hommes ont des difficultés avec ce principe parce qu'on leur a enseignés qu'être à la tête c'est être devant. Un général peut diriger à l'arrière du peloton. Son grade n'est en aucun cas réduit parce qu'il donne des ordres à l'écart des lignes de front.

Un exemple naturel

La majorité des gens aux États-Unis d'Amérique n'ont absolument aucune idée de qui Wilson Livingood et ce qu'il faisait dans la vie. M. Livingood était le sergent d'armes de la Chambre des Représentants des Etats -Unis pendant 17 ans, et il a travaillé comme le chef de l'application des lois de la Chambre. M. Livingood a récemment pris sa retraite et M. Paul D. Irving occupe maintenant le poste.

Le sergent d'armes est responsable de la sécurité dans l'aile de la Chambre du Capitole des États-Unis, les bâtiments des bureaux de la Chambre, et terrains annexes. C'était M. Livingood qui a exercé une de ces nombreuses fonctions qui ont contribué à confirmer l'importance du rôle de la femme devant son mari en annonçant leur but dans la société.

Au cours de la déclaration de l'Etat de l'Union, M. Livingood s'est tenu à la porte du Congrès et s'est adressé au président de la Chambre, en disant: " Monsieur le porte-parole de la Chambre, le Président des États-Unis d'Amérique. " Il a annoncé et conduit le président dans le couloir de la plate-forme. Il était responsable d'annoncer la présence du président et marcher devant lui, mais ça ne fait pas de lui le président.

La différence avec l'annonce de la femme, est qu'elle annonce son mari et en le faisant, elle s'annonce elle - même.

L'exemple spirituel

1 Corinthiens 15:45-47 *C'est pourquoi il est écrit:* **_Le premier homme_**, *Adam, devint une âme vivante.* **_Le dernier Adam_** *est devenu un esprit vivifiant.* *[46]Mais ce qui est spirituel n'est pas le premier, c'est ce qui est animal; ce qui est spirituel vient ensuite.* *[47]Le premier homme, tiré de la terre, est terrestre; le second homme est du ciel.*

Jésus est le dernier Adam et il faut comprendre qu'il n'est pas le second Adam. S'il est venu comme le second Adam alors il pourrait y avoir un troisième; mais il est le dernier Adam. Pour restaurer complètement ce que le premier Adam a perdu, Jésus doit avoir une femme (épouse) pour se joindre à lui.

Ceux qui vont régulièrement à l'église ont sans aucun doute entendu des orateurs qui font référence à l'Église comme l'épouse de Christ. Le point principal à travers cette référence est que l'église est entièrement un avec Christ comme Son corps. Nous examinerons ce point plus loin dans ce livre; mais pour l'instant il suffit de dire que la position que l'homme et la femme avaient depuis le début est la même que Jésus et l'église maintenant!

Ephésiens 5:25 Maris, aimez vos femmes, comme Christ a aimé l'Église, et s'est livré lui-même pour elle...

Pensez à la position de l'Église sur la terre aujourd'hui; C'est comme une femme qui annonce son mari qui est Jésus-Christ à tous ceux qui vont écouter.

Elle (l'église) en annonçant sa venue annonce Sa grandeur, et elle annonce l'objectif de celui avec qui elle fait un ("Si quelqu'un est en Christ ..."). La plupart des hommes et femmes s'identifient au fait que l'église est un avec le Christ avec des responsabilités énumérées. Mais ces mêmes personnes ont en quelque sorte complètement oublié que l'union entre un homme et une femme est conçue pour prendre exemple à l'union spirituelle entre le Christ et Son Église.

La Bonne Position

Quand les couples comprennent que la femme a été créée pour répondre à la responsabilité qui lui a été donnée, alors ils se tiendront ensemble dans leurs positions de soumission et adoration complète. Dans Genèse 2:15 Dieu dit à Adam de "cultiver et garder" le jardin, que nous identifions comme adorer et protéger le culte d'adoration. Une fois que la relation de l'homme est établie avec Dieu, Dieu prend la décision de créer la femme pour se joindre à cette responsabilité.

Par conséquent, la plus grande chose qu'un couple puisse faire ensemble est d'adorer Dieu. Ils ne sont pas appelés à prier en premier. Croyez-moi, je n'ai rien contre la prière; vous pouvez lire mes livres, "Numbered with the Transgressors" ou "The Power Is in the Closet", sur le thème de la prière et voir ma passion sur ce sujet. Mais c'est à partir de l'adoration que la concentration à la prière que Dieu veut se réalise.

Remarquez dans les passages suivants lorsque les disciples ont demandé à Jésus de leur apprendre à prier, Il a ordonné à ses disciples d'entrer en premier en adoration avant de demander quoi que ce soit à Dieu.

Luc 11:2 *Il leur dit: Quand vous priez, dites: Père! Que ton nom soit sanctifié; que ton règne vienne.*

Notre Père qui est aux cieux, que ton nom soit sanctifie-Première adoration, nous sanctifions Votre nom avant de demander quoi que ce soit. Avant de considérer la provision notre premier travail est d'adorer Dieu. Que Ton nom soit sanctifié !

Une fois qu'une personne ou un couple comprend comment adorer en vérité et sanctifier le nom du Seigneur, avancer au-delà de ce point peut être un défi. Donner une valeur à Dieu et

Sa grandeur répond à nos désirs émotionnels les plus profonds. Ce n'est pas une transition facile de passer de ce lieu. Dieu habite dans notre adoration, ce qui rend difficile de s'en éloigner.

C'est Jésus qui dit à la femme Samaritaine que "Dieu cherche des adorateurs ".

John 4:21-24 *Jésus lui dit: Femme, lui dit Jésus, crois-moi, l'heure vient où ce ne sera ni sur cette montagne ni à Jérusalem que vous adorerez le Père. [22]Vous adorez ce que vous ne connaissez pas; nous, nous adorons ce que nous connaissons, car le salut vient des Juifs. [23]Mais l'heure vient, et elle est déjà venue, où les vrais adorateurs adoreront le Père en esprit et en vérité; car ce sont là les adorateurs que le Père demande. [24]Dieu est Esprit, et il faut que ceux qui l'adorent en esprit et en vérité.*

Il est entendu que le Seigneur veut que Ses disciples soient conduits par l'Esprit et pleine de vérité, mais il cherche surtout des adorateurs. Jésus n'a pas dit a la femme Samaritaine que Dieu cherchait des personnes qui prient; Nous voyons alors l'importance que Jésus accorde à la prière. "Ma maison sera appelée une maison de prière pour tous les peuples " est l'un de ses enseignements, mais la fondation de la maison d'adoration (Luc 19:46).

La bonne position pour l'homme et la femme dans une relation est tout d'abord se tenir devant Dieu et déclarer Sa valeur et grandeur. Quand une femme garde cette attitude dans sa relation avec l'homme de sa vie, Dieu donnera à l'homme le pouvoir d'accomplir pour elle ce qu'elle ne peut accomplir par d'autres moyens. Quand une femme se met en bonne position pour bien parler de son mari ou les hommes de sa vie, et que l'homme comprend que c'est sincère, il la protégera volontairement, prendra soin d'elle et pourvoira à tous ses besoins. Ça devient une de ses plus grandes joies de lui faire plaisir!

Le problème est que beaucoup de femmes aujourd'hui se sont placées elles même devant leur homme et se sont tournés vers lui pour lui faire face, au lieu de se tourner vers lui pour annoncer leur but commun.

Quand une femme se tourne vers l'homme, c'est alors son devoir de défendre sa position, ce qui provoque instantanément une confrontation. Même si la femme fait une avec son mari quand elle se retourne et lui fait face, elle devient sa compétition au lieu de le compléter. Rappelez-vous, l'homme est conçu pour protéger sa famille contre des ennemis étrangers et domestiques. Mais quand elle se tourne vers l'avant et annonce leur but et la vision, il ne peut pas se battre, alors il tourne son attention vers le soutien et l'amour. Les femmes peuvent faire de telle sorte que la plupart des hommes les aiment et adorent tout simplement en se mettant en bonne position.

La majorité des hommes sur la terre veulent une femme qui sait qui elle est et comment fonctionner dans sa position, parce que ça permet à un homme de lui donner sa vie et son attention. Il n'y a même pas besoin d'élément romantique. Ça pourrait simplement être une amitié ou relation de travail régulière.

La première femme, comme aide semblable, a été conçue pour fonctionner de la même autorité et capacités que son mari Adam sans aucune distinction. L'adoration de Dieu par Adam et Mme Adam était la chose même qui les séparait d'avantage des animaux. Leur amour et honneur pour l'autre venait après l'amour et l'honneur qu'ils avaient pour la divinité.

Les couples qui trouvent cette place trouveront un puits de bénédictions qui les fera avancer dans de nouveaux endroits passionnants avec Dieu et l'homme.

Chapitre 4: La fin de la Création

"Une belle femme utilise ses lèvres pour la vérité, sa voix pour la bonté, ses oreilles pour la compassion, ses mains pour la charité et son cœur pour l'amour. Pour ceux qui ne l'aiment pas, elle utilise la prière"

~Jolly Rutten

Adam n'est plus seul dans le jardin parce que Dieu a pris la décision de créer la femme comme son aide semblable. La création de l'homme était intime, et point différente de celle la femme. Dieu est descendu, la façonné son avec ses mains et lui a insufflé la vie, sauf que cette fois Il y avait une petite tournure dans le processus de création qui permet de démontrer comment Dieu voyait et valorisait la femme. C'est cette valeur qu'elle retrouve dans Christ, une fois qu'elle accepte l'accomplissement de son ouvre sur la croix.

La Bible explique comment chaque créature a été formée et comment chacune d'elles a reçu son nom afin qu'il y ait une différence évidente entre les animaux et les êtres humains.

Genèse 2:19 L'Éternel Dieu forma de la terre tous les animaux des champs et tous les oiseaux du ciel, et il les fit venir vers l'homme, pour voir comment il les appellerait, et afin que tout être vivant portât le nom que lui donnerait l'homme.

Les droits de nomination a permis à Adam d'opérer dans la mission de domination que Dieu leur a donnée au commencement. Il aurait été trop facile pour Dieu de nommer chaque animal et les présenter Adam, mais Il ne l'a pas fait. Dieu a donné à Adam cette responsabilité et s'est mis d'accord avec décision.

La Bible déclare que l'homme donna des noms à tout le bétail; maintenant ça semble rébarbatif n'est-ce pas ? Mais ce n'est pas le cas ! Il a en fait donné des noms à chaque animal, ce qui se passe toujours dans les fermes dans le monde entier. Nous continuons à donner des noms aux animaux, pour les rapprocher de nous et éliminer la nécessité de simplement appeler le chien, "chien ", ou le chat, "chat ". Les noms sont très importants car ils donnent à la personne, le lieu ou la chose leur identité et but.

Par conséquent, pour donner un nom a quelque chose, vous devez la comprendre. Nous donnons des noms aux entreprises, bâtiments, ministères, églises, aliments, planètes, galaxies et tout ce qui doit être identifié. Avant de donner un nom a un nouveau médicament, on doit d'abord comprendre ce qu'il est censé faire.

Un chimiste ne peut pas m'apporter un nouveau médicament et me demander de lui donner un nom afin que le public puisse comprendre sa valeur et objectif. Je ne serais pas en mesure de donner un nom parce que je ne sais pas en quoi il consiste, ou le résultat escompté.

Je ne peux pas nommer en toute confiance ce que je ne comprends pas. Pour que Dieu donne le droit a Adam de nommer les animaux, Adam devait comprendre pourquoi ils avaient été créés. Ceci conforme également le fait que l'homme dominait tout sur la terre et tout ce qui s'y trouvait. La chose suivante qu'on nous dit pourrait sembler un peu étrange si on n'a pas une compréhension de ce que garder le jardin signifiait. Dieu a dit à Adam de trouver une aide semblable parmi les animaux qu'il avait nommés et dominait maintenant.

Genèse 2:20 Et l'homme donna des noms à tout le bétail, aux oiseaux du ciel et à tous les animaux des champs; mais, pour l'homme, il ne trouva point d'aide semblable à lui.

Dieu a dit à Adam d'aller trouver une aide semblable parmi les animaux fin qu'il soit parfaitement sûr qu'il n'y avait rien déjà créé qui l'aiderait à garder le jardin (adorer).

Adam ne cherchait pas à trouver un partenaire parmi les animaux, mais il était à la recherche d'une aide semblable. Dieu n'aurait jamais violé la création pour qu'Adam aille chercher à s'accoupler avec quelque chose parmi les animaux. Dieu voulait qu'Adam cherche et trouve parmi les animaux un qui se trouvait à son niveau et pouvait exercer la fonction du sacerdoce devant Dieu, adorer Dieu, et avoir la capacité de protéger le lieu d'adoration que Dieu lui avait donné. Adam est revenu vers Dieu convaincu qu'il n'y avait aucune création qui pouvait accomplir cette tâche avec lui.

Comme il n'y avait aucune création pour le faire, il était clair que Dieu devrait la créer. On a demandé à Adam de trouver parmi les animaux quelque chose qui pouvait et allait être capable de faire ce qu'il pouvait faire, afin que la personne que Dieu allait créer ait toutes ses capacités.

Alors l'Éternel Dieu fit tomber un profond sommeil sur l'homme, qui s'endormit; il prit une de ses côtes, et referma la chair à sa place. Genèse 2:21

Le mot hébreu utilisé pour les côtes est "Tsela" qui signifie côté, côte ou barre. Même si Dieu prend la côte de l'homme, il peut facilement être considéré comme tout son côté.

L'Éternel Dieu forma une femme de la côte qu'il avait prise de l'homme, et il l'amena vers l'homme. Genèse 2:22

On ne nous dit pas combien de temps Adam dormait; Je suis convaincu qu'il dormait trois jours. La raison pour laquelle je maintiens cette idée est la jonction qu'il y a avec la mort, l'ensevelissement et la résurrection de Jésus.

Pendant trois jours, Jésus dormait, et quand Il est ressuscité de son sommeil, son épouse a également née. Pendant que Jésus était sur la terre, Il était entièrement responsable de l'adoration et la protection de l'adoration, mais Il a parlé de l'église qui allait naitre (son épouse) et qui fonctionnerait de la même autorité qu'il avait.

Matthieu 16:18,19 Et moi, je te dis que tu es Pierre, et que sur cette pierre je bâtirai mon Église, et que les portes du séjour des morts ne prévaudront point contre elle. 19 Je te donnerai les clefs du royaume des cieux: ce que tu lieras sur la terre sera lié dans les cieux, et ce que tu délieras sur la terre sera délié dans les cieux.

JEAN 14:12 En vérité, en vérité, je vous le dis, celui qui croit en moi fera aussi les œuvres que je fais, et il en fera de plus grandes, parce que je m'en vais au Père.

Jésus est allé jusqu'à dire que l'église aurait les mêmes capacités qu'il avait quand il marchait sur terre. Comme nous l'avons déjà vu, Jésus est appelé le dernier Adam, et son église est appelée une épouse.

Genèse 2:23 Et l'homme dit: Voici cette fois celle qui est os de mes os et chair de ma chair! on l'appellera femme, parce qu'elle a été prise de l'homme.

Dieu amena la femme à Adam et une fois de plus, Il ne lui donna pas de nom, parce que c'était la responsabilité d'Adam. Tout comme avec les animaux qu'il a nommés, Adam devait connaitre et comprendre l'objectif de la femme pour lui donner un nom.

Il ne pouvait pas lui donner de nom sans connaître son objectif et comprendre comment elle doit fonctionner dans son objectif. J'ai entendu plusieurs fois les hommes dire qu'ils ne comprennent pas les femmes, mais quand vous y pensez vraiment, ça ne peut pas être vrai.

Je dis aux hommes partout dans le pays: vous la comprenez vraiment parce que vous lui avez donné un nom. Le problème n'est pas au niveau de la compréhension, mais plutôt l'ignorance ou le refus d'étudier la femme. Si un homme ignore la femme de sa vie, il semble qu'il ne la comprend pas, parce qu'il n'a pas pris le temps de l'étudier.

Un homme devrait étudier la femme pour savoir ce qu'elle aime et pourquoi elle aime ce qu'elle aime. Il ne suffit pas de réagir lorsqu'elle fronce les sourcils, mais de savoir pourquoi elle fronce les sourcils. Dans beaucoup de cas, les hommes ne donnent pas la bonne valeur a la femme, et la considère comme un supplément dans leur vie au lieu de la couronne de leur vie.

Quand une femme ne sait pas qui elle est en Dieu ou la valeur qu'elle apporte à l'homme, elle se laisse dévaluer. Ensuite, il y a des femmes qui sont sur la défensive en indiquant qu'aucun homme ne va profiter de la femme, ou déclarent que la femme n'a pas besoin d'un homme pour accomplir ce qu'elle à cœur.

Ces déclarations sont vraies, mais ce n'est pas ce que Dieu a conçu pour elle. La femme ne doit jamais être sur la défensive ou s'efforcer à bouger le cœur dans la direction de ses désirs. Quand je fais cette déclaration, je me réfère à un homme qui n'a aucun problème dans sa vie et qui comprend d'où provient la source de sa force et l'amour pour la femme de sa vie. L'homme, qui a décidé d'utiliser les femmes pour arriver à ses fins ou qui est abusif envers les femmes, pourrait ne pas repondre, peu importe ce que la femme fait.

C'est la raison pour laquelle une femme ne doit pas chercher d'abord à être la compagne de l'homme, mais plutôt être une aide semblable à l'homme. Découvrez si cet homme a une vision pour la vie, passe du temps avec Dieu dans l'adoration, la prière et l'étude de la parole, et si sa vision est celle dont vous voulez faire partie.

Demandez-lui quel était son dernier échec et pourquoi ? Écoutez attentivement la réponse, parce qu'elle peut indiquer s'il réussira plus tard dans la vie et si vous pouvez vous joindre à son équipe comme aide semblable .Ecoutez pour savoir s'il blâme les autres, ou s'il accepte la majorité de la responsabilité, et a un plan pour ne plus jamais expérimenter cet échec.

Est-ce qu'il dépendait de Dieu pour ses réponses, et at-il reçu des conseils de Dieu concernant cet échecs? Rappelez-vous, tout le monde sur cette terre a déjà échoué et va échouer, mais c'est la manière dont vous faites face aux échecs qui vous aidera à progresser dans la vie. Ce n'est pas ce que vous traversez qui détermine votre valeur, mais comment vous traversez les épreuves qui fait toute la différence. La manière dont il apprécie son travail, ou la vie elle-même, vous donnera une idée sur la valeur qu'il va vous accorder à votre personne et vos opinions dans sa vie. Est-ce que cet homme permettra de vous mettre en bonne position pour aider à répondre aux responsabilités de la vision de sa vie tout en vous aidant à progresser dans les missions auxquelles Dieu vous a assignées?

Beaucoup de femmes ont décidé d'attirer les hommes à leurs corps au lieu de les attirer pour leur capacité à le compléter. Par conséquent, elles se présentent seulement comme un morceau de viande au lieu d'un atout précieux pour faire avancer l'homme dans le rôle que Dieu lui a donnée, à travers une adoration complète et dévouée. Mme Adam est venue du côté d'Adam, et quand elle lui a été présentée, elle l'a alors complété.

Quand une femme est courtisée par un homme, elle doit se demander s'il est celui qu'elle doit joindre pour se compléter et pas seulement sexuellement. La génération est tombée aussi bas e parce que les femmes ont oublié leur valeur et ont rendu la tâche extrêmement facile aux hommes d'accomplir leur objectif de plaisir sexuel sans avoir à donner quelque chose de valeur en retour.

Une femme n'a pas été conçue pour tout d'abord donner à l'homme du plaisir sexuel. Elle a été conçue pour l'aider dans sa quête vers Dieu, et de rendre le cœur de Dieu heureux. Depuis la chute, les femmes ont été dévaluées à juste un morceau de viande, alors que toute la question de la sexualité concerne plus la satisfaction de la femme que celle de l'homme.

Nous allons discuter de ca dans le chapitre suivant, mais en résumé, l'intimité sexuelle a été conçue plus pour la femme que l'homme!

Section 3: Le Son

Chapitre 5: Les Entrailles de la Femme

ເຊ8ເວ

"Croire que vous êtes belle est la première étape pour comprendre votre valeur en tant que femme."

~Unknown

ເວ)ເຊ

La phrase à la fin du chapitre 4 a presque provoqué l'évanouissement dans les réunions avec les hommes. Ils criaient : "Evêque, vous avez besoin d'expliquer cette déclaration". Tout le monde rie lorsque quand la demande de clarifier qui devrait être le bénéficiaire de l'expérience sexuelle survient.

Maintenant, il n'y a aucun doute que les hommes aiment le sexe, et devrait l'aimer, car Dieu l'a créé. Mais la plupart des hommes n'ont pas pris le temps de voir les choses qui se sont produites avant la désobéissance et la chute qui ont suivi.

Rappelez-vous, c'est l'homme qui a nommé la femme et c'est ce même nom qui met en majorité ma déclaration en perspective. Adam dit: "Elle est os de mes os et chair de ma chair ; elle sera appelée "femme ".

Si nous nous séparons ce mot "femme" en deux parties, il nous donne "du sexe féminin" et "être humain;" si la première partie du mot fait la distinction avec l'homme, elle représenterait son organe reproducteur. Par conséquent, on peut dire qu'elle est un homme avec un organe reproducteur femelle.

Oui, c'est un organe reproducteur mais je crois que Dieu avait un but plus élevé, qui était d'amener des êtres vivants à remplir la terre. Bien sûr, cela signifie avoir des relations sexuelles et le sexe est sans aucun doute bon, mais la conception de Dieu va bien au-delà du plaisir humain.

Dieu s'est associé à la femme afin que les êtres humains remplissent la terre. Dieu aurait pu descendre et créer chaque personne, mais alors elles seraient toutes connectées à Dieu et pas avec les autres. En permettant à la race humaine de sortir à travers le canal génital, une connexion à deux sens a été établie entre Dieu qui a créé le premier homme et la femme, et les parents de nouveau-né.

Au moment où la femme a été créé et présentée à Adam, il n'existe aucune preuve qu'ils désobéiraient Dieu. Mais nous savons maintenant qu'ils l'ont fait et toute la création a été plongée dans un grand désarroi. L'homme et la femme se sont retrouvés en dehors de la relation d'alliance dont ils avaient bénéficié jusqu'à à ce point.

Dieu instantanément mit un plan en action destiné à restaurer la relation qu'Il avait avec la première famille. Ce plan avait à voir avec la venue de Jésus sur terre comme un homme. Etant donné que la terre a été donnée à l'homme, Jésus ne pouvait pas venir comme Dieu ou comme un ange pour résoudre le problème. Puisqu'un homme a causé le problème, il fallait un homme pour le résoudre.

La Porte

Jésus (Emmanuel, Dieu avec nous) avait besoin d'un moyen d'entrer dans la terre, et la seule façon d'y parvenir était à travers le vente de la femme. Par conséquent nous pouvons dire que Dieu a créé l'organe reproductif de la femme comme son entrée légale sur la terre.

Genèse 3:14 L'Éternel Dieu dit au serpent: Puisque tu as fait cela, tu seras maudit entre tout le bétail et entre tous les animaux des champs, tu marcheras sur ton ventre, et tu mangeras de la poussière tous les jours de ta vie.

Genèse 3:15 Je mettrai inimitié entre toi et la femme, entre ta postérité et sa postérité: celle-ci t'écrasera la tête, et tu lui blesseras le talon.

Ces passages des écritures sont associés à la punition prononcée par Dieu après la désobéissance d'Adam dans le jardin. C'est la punition envers l'ennemi Satan qui avait incarné le serpent et séduit la femme. La punition a à voir avec sa semence identifiée comme un homme qui écrasera la tête de l'ennemi, et l'ennemi ne pouvant que blesser son talon.

Personne ne parle de la semence d'Adam (de l'homme) qui est impliquée dans ce processus. Puisque Jésus devais naitre d'une vierge et non par l'usage naturel d'un homme, ça nous révèle à nouveau le partenariat que Dieu a eu avec la femme afin que son Fils ait un chemin vers la terre pour racheter l'humanité.

Les problèmes auxquels nous sommes confrontés aujourd'hui, en particulier celui concernant les entrailles de la femme, est en majorité celui de la haine que Satan a pour tous les hommes, mais surtout pour la femme qui a été le moyen utilisé comme portail entre le ciel et la terre pour Jésus qui a vaincu et détruit les œuvres de l'enfer.

Jésus est le Fils de Dieu, est considéré comme le dernier Adam, mais il n'a pas été créé comme le premier Adam. Il est venu par le canal de naissance, et a dû compter sur une femme (Marie) pour le porter à terme. De cette manière, Jésus s'est complètement identifié à l'homme, de la conception à la mort.

Quand on examine le miracle de la grossesse, et ce qui se passe réellement dans le ventre d'une femme au cours d'une grossesse, c'est absolument étonnant. En tant qu'homme, je me suis plaint à Dieu et aux gens que ce n'est pas juste qu'une femme puisse expérimenter ce grand miracle et moi je ne peux pas.

82

Les hommes qui entendent cette déclaration remercient Dieu de ne pas pouvoir donner naissance, et des femmes indiquent qu'elles souhaitent que les hommes puissent le faire. Ce n'est pas que j'ai envie sentir la douleur de l'accouchement. Pour moi, c'est un miracle étonnant de la vie qui se développe à l'intérieur du corps d'un autre être humain.

Beaucoup de femmes n'ont pas vraiment apprécié le fait que c'est une personne qui se développe à l'intérieur de son ventre. Yeux, oreilles, nez, bouche, jambes et bras, un cerveau et beaucoup plus qui développent à partir d'une semence minuscule. C'est le miracle de la naissance et seulement les femmes peuvent l'expérimenter.

Aujourd'hui, le ventre de la femme n'est pas un endroit sûr. Il est clair que l'ennemi a attaqué la femme et l'accord de partenariat entre elle et Dieu pour apporter la vie sur terre. Nous avons permis la destruction de 55 millions d'enfants à naitre aux États-Unis au cours des quarante dernières années, depuis la décision de la Cour suprême sur le droit à l'avortement, Roe contre Wade. Le 40e anniversaire de cette décision s'est marquée le 22 Janvier 2013.

L'ennemi déteste le ventre de la femme, car c'est par son ventre que Jésus est venu, et c'est par Jésus que la mort, l'enfer et la tombe ont été vaincus.

Il y a beaucoup de femmes dans les églises partout en Amérique qui gardent et cachent la honte d'avoir eu un ou plusieurs avortements, avec personne à qui le dévoiler. Dieu ne veut pas que vous soyez liée par ce secret encore plus longtemps ; tout ce que vous devez faire c'est lui demander de vous pardonner et vous mettre en partenariat avec lui encore une fois.

Même si votre âge pour procréer es passé, c'est votre devoir d'instruire les jeunes femmes sur l'importance de la relation que Dieu avec la femme et son ventre.

Il y a tout un mouvement qui rejette l'usage naturel de l'utérus (les hommes homosexuels) et refuse l'accès à l'usage naturel de l'utérus (femmes lesbiennes). L'objectif du mouvement homosexuel base son argument sur le droit civique d'aimer les personnes qu'ils désirent, mais le problème est beaucoup plus profond que ça, et c'est un fait que Satan déteste vraiment la femme et son objectif créé pour porter la vie en partenariat avec Dieu!

L'industrie pornographique entière est une attaque contre l'organe reproducteur de la femme. Grâce à la pornographie l'organe reproducteur de la femme est perverti, et semble être conçu pour satisfaire le désire des hommes qui s'engagent aux actes sexuels et ceux qui les regardent à travers tous les moyens de transmission. De toute manière, c'est une question d'organe reproducteur de la femme, et le plus triste c'est que la plupart des femmes à qui je parle de ça ne sont pas au courant de ces choses.

Retour aux Conversations Sexuelles

Rappelez-vous que ma position est que le sexe est principalement conçu pour les femmes. Je base ceci en majorité sur la conception de l'organe reproducteur de la femme et comment la femme s'engage dans le rapport sexuel. La plupart des femmes connectent le sexe à leur cœur, alors que les hommes connectent le sexe à leur esprit. Tout ce dont l'homme doit engager c'est la pensée, mais il faut beaucoup plus à la plupart des femmes pour se préparer à l'intimité. Nous allons discuter de ce fait d'avantage dans le chapitre suivant.

L'autre signe révélateur est que la plupart des hommes peuvent satisfaire leur désir lorsqu'ils entrent dans la relation physique. Mais ce n'est pas une vérité pour la femme.

Quand elle atteint sa satisfaction, cette satisfaction est beaucoup plus intense et fréquente que celle de l'homme; elle peut également rencontrer quatre types d'orgasmes différents. Certaines femmes qui viennent à mes réunions ne le savent pas, et demandent aux hommes (moi) de leur expliquer ce qu'elles sont supposées ressentir. Lorsque les femmes s'interrogent sur leur satisfaction sexuelle beaucoup d'entre elles déclarent qu'elles n'ont jamais eu ou ont rarement eu de satisfaction. Cela provoque des grands éclats de rires, mais la personne qui a posé la question ne plaisante pas et veux vraiment savoir. Eh bien, l'orgasme peut être vaginal, clitoridien, le point G et avec le corps entier. Lorsque ces quatre types d'orgasmes sont présentés, des questions commencent à être posées par les femmes qui ne les ont jamais expérimentés.

Une femme peut avoir tous ces orgasmes à plusieurs reprises au cours de l'expérience sexuelle. Chaque point de satisfaction est beaucoup plus intense que ce que l'homme ressent. C'est l'une des principales raisons pour laquelle je dis aux hommes que le sexe n'est pas d'abord pour eux, car si un homme avait tous ces orgasmes, ça le tuerait instantanément sans aucun doute.

Invisible et précieux

Une autre raison pour laquelle le sexe est principalement pour les femmes est due à la composition réelle de l'organe génital. Sauf s'il y a un certain type de défaut de naissance, une femme est née avec un hymen qui est juste placé dans l'organe sans but apparent.

L'hymen est d'une grande importance, car il est conçu pour sceller l'alliance de mariage. Dans chaque alliance il y a deux parties, le serment et le sceau de sang.

Quand un homme et une femme sont mariés, ils se tiennent devant un officier avec les témoins pour déclarer leur amour, qui est le serment. Mais le mariage n'est pas officiel jusqu'à ce qu'ils le consument. Dieu a donné à une femme l'hymen placé en toute sécurité à l'intérieur de son organe pour être brisé pendant les rapports sexuels et pour sceller l'accord d'alliance.

Dieu ne l'a pas donné à l'homme, mais à la femme avec la responsabilité de le protéger jusqu'au jour du mariage. Tant que le sceau du sang n'est pas appliqué, l'alliance n'est pas scellée, et par conséquent ne rentre donc pas en vigueur.

Pour le chrétien, il y a une promesse dans 2 Corinthiens qui enlève la culpabilité si une femme a donné le sceau à quelqu'un d'autre que son mari.

Quand je vivais dans le péché, j'ai appris que si une femme vierge se donnait à moi et son hymen se rompait, elle ferait n'importe quoi pour moi. Ses parents ou amis ferraient tout pour qu'elle ne me quitte pas parce que le sceau conçu pour son mari avait été donné. Pendant certaines de nos réunions nous avons brisé ce pouvoir qui retient la vie des femmes afin qu'elle puisse vivre en liberté. Si vous avez donné votre eau le mariage à quelqu'un d'autre que votre mari, il est temps pour vous d'être libre.

2 Corinthiens 5:17 Si quelqu'un est en Christ, il est une nouvelle créature. Les choses anciennes sont passées; voici, toutes choses sont devenues nouvelles.

Recevez le fait que les choses anciennes ont disparu et vous avez été pardonnée.

Remercie Dieu pour son pardon; mais ce n'est pas la manière dont les choses étaient conçues. Depuis la désobéissance dans le jardin, les hommes ont utilisé la femme et dévalué ce que Dieu a placé en elle. Il est temps que les femmes commencent à vivre avec la valeur que Dieu leur a donné. Il est également temps pour les femmes d'aider leurs sœurs à comprendre ce qu'elles portent en elles.

Sujet Pas Abordé à l'Eglise

Quand je parle aux hommes sur ce sujet, ils gardent toujours en tête l'idée que le sexe a été conçu autour de leurs besoins et conquêtes. Mais une fois le sujet du clitoris est abordé a l'église, vous pouvez entendre une broche qui tombe par terre.

Le clitoris est une partie de l'utérus qui n'a absolument aucune autre fonction que le plaisir. Dieu l'a donné à la femme qui peut avoir plusieurs orgasmiques différents. Tout ce que l'homme a dans son appareil génital a un double rôle. Les hommes ont toujours entendu parler de semer l'avoine et conquêtes sauvages, mais ça sous-entend utiliser la femme comme un morceau de viande dévalué .

Les femmes adoptent cet état d'esprit et offrent leurs corps, exposent leur corps, vendent leur corps, tout ça pour le plaisir des hommes. Le diable en enfer ne cesse de rire, parce que la chose même que Dieu a utilisé pour entrer sur la terre et qui scellera l'alliance du mariage est utilisée pour détruire des vies, des mariages et même ôter la vie à travers le processus d'avortement.

Quand votre mère vous disait de croiser vos jambes et de dire non, elle savait de quoi elle parlait, même si elle ne l'a pas dit de la manière indiquée dans ce livre. Il est grand temps pour les femmes partout dans le monde d'enseigner leur valeur aux autres femmes, et en particulier les jeunes femmes. Les femmes adultes doivent enseigner aux jeunes femmes de cesser de penser à leur personne comme un objet de satisfaction pour les hommes, et se rendent compte qu'elles sont une bénédiction de Dieu à qui il a donné une valeur.

Partout en Amérique, les jeunes femmes ont déterminé qu'elles ont peu ou pas de valeur, et s'adonnent à tous types d'actes sexuels pour satisfaire les jeunes hommes. Ces jeunes hommes n'ont aucune idée que Dieu a donné de la valeur à la femme; ils ne veulent pas savoir parce que ces actes remplissent leurs besoins.

Dans la section six, je vais parler du mouvement dont on a besoin, qui implique une femme mature dans la formation d'une jeune femme pour suivre les voies et objectifs de Dieu. C'est vraiment d'une grande importance afin ne pas perdre toute une génération de femmes à une société malicieuse. En tant que femme, si vous êtes d'accord qu'un vrai mouvement est nécessaire pour rétablir la valeur des femmes d'aujourd'hui, je vous demande pour commencer dès aujourd'hui!

Chapitre 6: L'Attachement

❦

*N'entre pas dans une
relation ou tu questionne
l'amour de l'autre personne
envers toi*

❦

Genèse 2:24-25 C'est pourquoi l'homme quittera son père et sa mère, et s'attachera à sa femme, et ils deviendront une seule chair. [25]L'homme et sa femme étaient tous deux nus, et ils n'en avaient point honte.

Genèse 2:24 est un passage fascinant de l'Écriture à travers lequel on dévoile le plan pour qu'un homme et une femme se joignent dans le mariage. Remarquez qu'on a donné l'ordre à l'homme de quitter sa mère et son père. Une question qu'on se pourrait se poser est pourquoi c'est à l'homme qu'on a demandé de quitter ses parents alors qu'on mentionne pas que la femme doit quitter ses parents. Tout d'abord, il est bien entendu que la femme se joint à l'homme de la même manière Mme Adam a été présentée à Adam. Deuxièmement, il doit changer la priorité et les désirs qu'il a de plaire à ses parents pour satisfaire sa femme maintenant et s'attacher à elle.

La majorité des hommes en Amérique du Nord ont très peu de connaissance sur l'attachement parce que la société lui a appris que c'est un signe de faiblesse. Il fera tout et n'importe quoi en son pouvoir pour que les autres hommes pensent qu'il est l'homme à qui la femme s'attache, au lieu de l'homme qui s'attache à elle. Lorsque les femmes cherchent des hommes ou deviennent des proies faciles pour les hommes, alors il n'y a aucun besoin pour l'homme d'essayer de comprendre l'attachement.

La définition de s'attacher est de s'accrocher , bâton, rester proche , garder près , tenir à , suivre de près , se joindre à , prendre, de capturer , attraper , rester avec , être réunis , s'accointer, de poursuivre très près , et prendre pour s'accrocher .

Dieu a conçu les relations de manière à ce que la femme n'oublie jamais à quel point elle a de la valeur à ses yeux en permettant à l'homme la poursuivre. Ce n'est pas le travail de la femme de suivre de près, poursuivre, ou prendre l'homme.

Beaucoup de femmes ont changé l'ordre de création en poursuivant les hommes; Elles compromettent les choses. L'ordre de création est que les femmes devaient être poursuivies, et accordées de la valeur. Je vais développer ce fait plus loin dans le chapitre, mais ce n'était pas le devoir de Mme Adam de pourvoir aux besoins d'Adam;

son devoir était de se joindre à lui dans le jardin pour accomplir l'objectif qui leur avait été donné par Dieu.

Aujourd'hui, beaucoup de femmes travaillent dur et ont beaucoup plus que les hommes qu'elles rencontrent, et c'est en grande partie parce qu'on n'a pas préparé l'homme à pourvoir à la femme à qui il va s'attacher.

Les jeunes femmes de cette génération sont tellement confuses, c'est incroyable. Il semble que c'est leur devoir de prendre soin des hommes dans leurs vies. Ensuite, elles se plaignent quand ces mêmes hommes profitent d'elles, ou les trompent pendant qu'ils sont ensemble. Tout dans cette relation indique à l'homme qu'il s'agit seulement de lui, alors pourquoi se plaindre de ce qu'on a soi-même créé?

Une femme doit connaitre sa valeur. Et si vous vous diminuez, l'homme va vous diminuer absolument. Les femmes doivent changer leur comportement quand il s'agit d'aborder les hommes. Elles doivent arrêter cette négativité envers les hommes, ce qui ferait fuir le meilleur homme le plus loin possible.

Dans certains cas, des femmes punissent l'homme qui essaie de s'attacher lorsqu'elles pensent qu'il est aussi doux qu'elle ou qu'il n'est pas un vrai homme parque qu'il continue à la supplier de sortir avec lui quand c'est trop tôt. Ca parait évident quand un homme est intéressé ou harcèle une femme quand il a de mauvaises intentions. Mais lorsqu'il s'agit d'un homme équilibré, c'est son devoir de s'attacher. Dieu l'a fait de cette manière, alors ce n'est pas juste de pénaliser un homme parce qu'il fait ce qu'il doit faire.

Aurait-il une autre raison pour laquelle Adam a été créé en premier, et laissé tout seul dans le jardin afin de développer un désir pour la femme que Dieu lui a amené, au temps que Dieu a décidé? Ce qui est clair c'est qu'une fois qu'Adam a été créé, il avait un besoin, et ce besoin était la femme. Mais quand Dieu a créé la femme, elle n'avait aucun besoin.

Adam a dû attendre que Dieu décide d'amener la femme. Quand elle a été créée, elle était la fin de la création humaine et tout ce dont elle aurait besoin était déjà pourvu pour elle.

Pensez à ce jour mémorable où Adam se réveille en voyant cette femme absolument belle, faite à la ressemblance et à l'image de Dieu, tout comme il l'était. Elle était quelqu'un qui pouvait en réalité se joindre à lui et l'aider dans sa fonction qui était de cultiver et garder le jardin de d'Eden. Dieu avait bien préparé Adam pour la venue de la femme en pourvoyant en abondance dans le jardin et en lui donnant une relation avec Dieu (Divinité).

La femme n'est pas la source de provision ou de revenu, et ce n'est pas elle qui a présenté l'homme à Dieu. C'est l'une des principales raisons pour lesquelles le l'exemple de la vie moderne ou les femmes prennent soin des hommes est tellement déséquilibré. Il y a des femmes qui cherchent le Seigneur et par la suite se contentent d'un homme qui ne connait pas ou ne sait même pas reconnaître le Dieu qu'elle sert.

Une fois qu'une femme utilise ses biens pour gagner un homme, elle se dévalorise énormément, et dans de nombreux cas ne peut jamais retrouver la place avec la valeur qu'elle mérite si bien.

Il a toujours été le rôle de l'homme de poursuivre la femme et de pourvoir pour elle. Facilitez-lui la tâche et je vous garantis qu'il va saisir l'opportunité!

L'homme est supposé être celui qui donne; La femme est celle qui reçoit. Votre anatomie vous indique que l'homme donne et la femme reçoit. Par conséquent, la position de l'homme n'est pas seulement de donner dans l'intimité, mais dans tous les domaines. La bible déclare qu'un homme doit donner sa vie pour sa femme.

Ephésiens 5:25 Maris, aimez vos femmes, comme Christ a aimé l'Église, et s'est livré lui-même pour elle..

Alors, Chris a donné, et un homme est donne la même position. Il doit donner et la femme doit prendre la position de l'église qui est de vivre continuelle dans une position pour recevoir.

Lorsque qu'une femme se détourne de cette position de réception, elle change la manière dont l'homme doit s'attacher à elle et la poursuivre. Oui, il doit la poursuivre avec tout ce qu'il a en lui et vous devez le laisser faire, sans que ça ne soit trop facile.

Ce n'est pas un jeu! Dieu n'a pas conçu tout ceci pour que la femme utilise ce principe comme une carotte devant un cheval que l'homme ne peut pas obtenir. Une fois qu'un homme sent qu'une femme est en train de jouer avec ses émotions, il se lance rapidement à la tâche suivante.

Remarquez également que l'ordre qui a été donne à Adam est que l'homme doit quitter son père et sa mère pour s'attacher à sa femme. Il ne pensait pas aux copines mais aux épouses. Mais aujourd'hui, beaucoup d'hommes ont oublié comment s'attacher à leurs épouses de la même manière lorsqu'ils font la cour.

Quand le mari continu à poursuivre la femme, ça révèle à la femme à quel point il l'aime et lui donne de la valeur, qu'elle n'est pas une simple domestique qui est là pour faire toutes les choses qu'il ne veut pas faire, et qu'elle n'est pas la juste pour satisfaire ses propres désirs sexuels. Au contraire, elle devient entièrement un avec lui de telle sorte que lorsqu'il lui fait plaisir, il se fait plaisir lui-mêmes.

Ephésiens 5:28 C'est ainsi que les maris doivent aimer leurs femmes comme leurs propres corps. Celui qui aime sa femme s'aime lui-même.

S'attacher à la femme est la responsabilité de l'homme qui lui permet de s'attacher à la femme. C'est triste quand je dois dire aux femmes chrétiennes de flirter avec leurs maris, mais ça aidera les maris à se souvenir et vouloir s'attacher. Les hommes ont la mentalité de chasseur, qui est de guetter, attendre et prendre la proie pour par la suite exposer la tête sur le mur. Une fois sur le mur, il n'est pas nécessaire pour lui de refaire ce qu'il avait fait pour attraper l'animal. Tout ce qu'il fait maintenant, c'est de raconter la manière dont il a attrapé l'animal, et revivre ce processus d'avantage.

Puisqu'il pense à la chasse, le désir de chasser devient fort et il a besoin d'avoir le même sentiment de la poursuite. Par conséquent, les hommes sont toujours à la quête, en flirtant et en regardant chaque joli visage et belles formes féminines parce qu'ils ne comprennent pas l'art de s'attacher.

Descendez la proie du mur et donnez-lui une raison de vous chasser de nouveau. Une publicité télévisée l'illustre quand un mari prend un taxi et les enfants partagent une vidéo qu'ils ont faite à travers le nouveau téléphone qu'on introduit. La fonctionnalité du téléphone est la capacité de toucher deux téléphones ensemble pour transférer la vidéo. Les enfants lui disent de regarder la vidéo quand il monte dans l'avion. Alors la femme dit au mari qu'elle aussi lui a fait une vidéo et touche son téléphone, mais qu'elle ne le conseille pas de la regarder dans l'avion. Il la regarde d'un air surpris et content. Il ne peut pas attendre de rentrer chez sa femme et s'attacher.

N'attendez pas que votre mari se rappelle qu'il est supposé vous poursuivre; vous devez l'aider en utilisant votre propre créativité. Ramenez cette joie conçue par Dieu dans votre mariage. Comme j'ai mentionné précédemment, je vais expliquer en détail dans le chapitre suivant que le sexe est principalement conçu pour les femmes, mais il est conçu de telle sorte que l'homme continu à désirer sa femme. Elle ne doit pas faire de ce processus une telle corvée qu'il préférait regarder la télévision, jouer ou s'amuser avec ses potes.

Faites-lui comprendre que vous voulez qu'il s'attache et il va adopter le concept avec le même désir qu'il avait quand il vous a rencontré la première fois!

Bon attachement !

Chapitre 7: Le sexe est principalement pour les femmes

Je ne sais rien du sexe parce que j'étais toujours mariée.

~Zsa Zsa Gabor

Après le chapitre sur l'organe reproducteur de la femme et l'information sur le sexe qui s'y trouve, vous pouvez penser que je suis obsédé par le sujet. Je ne suis pas obsédé; ce sujet n'est pas assez enseigné dans nos églises aujourd'hui, c'est pourquoi il est beaucoup plus abordé dans ce livre.

Nos jeunes femmes dans l'église sont confuses, ainsi que les jeunes hommes quand il s'agit de la question: pourquoi ils ne peuvent pas s'engager dans une relation sexuelle en dehors du mariage.

Cette confusion est due au fait que le sexe est enseigné avec le mauvais point focal. Lorsque le sexe est basé sur les besoins des hommes, vous avez alors une approche mentale très simple et directe de l'expérience.

Mais avec les femmes, toute l'expérience est liée au cœur de la femme en gardant la joie émotionnelle attachée à l'expérience.

Dans le chapitre sur l'organe reproducteur de la femme, j'ai justifié le fait que Dieu a conçu l'organe reproducteur afin d'indiquer clairement que le sexe est principalement axé sur son plaisir. Dans le chapitre sur le 'attachement, il est clair que les hommes doivent toujours poursuivre leurs épouses et cela a beaucoup à voir avec le sexe. Rappelez-vous, il devrait la poursuivre parce qu'elle est une bonne chose à trouver.

Proverbes 18:22 Celui qui trouve une femme trouve le bonheur; C'est une grâce qu'il obtient de l'Éternel.

Si ma perspective est correcte et le sexe est principalement conçu pour les femmes, alors il y a une nouvelle responsabilité et attitude qu'elles doivent adopter qui est: Ce qui rare n'est pas facile!
En d'autres termes: Ce n'est pas facile, la femme n'est pas facile. Le sexe n'est gratuit; vous devez être totalement engagé à moi en donnant votre vie pour moi.

C'est la raison pour laquelle le sexe est conçu pour le mariage, parce c'est la seule façon dont vous pouvez avoir un vrai sens que l'homme vous a entièrement consacré sa vie.

J'ai parlé à de nombreuses femmes qui ont permis à un homme qui leur a déclaré son amour et affection, de les conduire à une relation sexuelle lorsqu'elles étaient vierges. La majorité de ces femmes ne savent plus où cet homme est sur la terre. Une fois que leur hymen, qui porte le sceau de sang accordée par Dieu pour garder et protéger est cassé, leurs cœurs sont connectés à jamais avec cette personne, même si l'homme n'est plus dans leur vie.

Ce n'est pas que l'homme était bien expérimenté où satisfaisant; c'était le fait que le cœur de la femme et son organe reproducteur sont connectés.

La première expérience sexuelle où l'hymen est brisé peut être un courant d'émotion pour les femmes dans toutes les relations amoureuses qui viennent après cette rencontre. Je suis convaincu que cette perte a causé de nombreuses femmes à endurcir leur cœur envers les hommes.

Ensuite, il y a l'esprit du plaisir qui domine dans cette génération et qui cause les femmes à agir plus comme les hommes que les femmes. Elles poursuivent les hommes, leurs font des propositions, et les demandent même en mariage.

Le plaisir fait qu'il y a des femmes qui utilisent leur sexualité et leur organe reproducteur comme appât pour obtenir ce qu'elles veulent. DEVALUEE!

Les jeunes femmes voient les artistes dans la culture aujourd'hui exposer leur corps aussi facilement à la télévision, au cinéma et à travers la musique, et veulent les émuler.

Certaines choses telles que la masturbation a augmenté de manière exponentielle chez les femmes au cours des dix dernières années. Selon le Rapport sur le comportement sexuel Janus[1] et l'entrevue face à face de l'auteur de l'Organisation Sociale de la Sexualité[2], les femmes sont en train de rattraper les hommes dans ce domaine.

Les rapports indiquent que 42% des femmes et 63% des hommes se masturbent régulièrement. Il existe de nombreux facteurs pour cette hausse, mais celui que je veux que les femmes voient et que le sexe à travers l'amour a été créé afin qu'elles puissent comprendre leur pleine valeur. Le sexe dans toute autre forme retire la valeur à celles à qui il devrait apporter de la valeur.

Le sexe n'est pas une carotte qui doit être utilisée pour manipuler ou obtenir les choses qu'on désire. En aucun cas il doit être un cadeau offert gratuitement parce que quelqu'un le demande.

Pensez Spécial, Vivez Spécial!

Le sexe est une partie très précieuse et importante de la relation conjugale, et Dieu a donné une grande partie de sa gestion à la femme. Il est triste de dire que les femmes n'ont pas été très bonnes à manager de ce don précieux.

---

[1]Samuel S Janus and Cynthia L Janus , The Janus Report on Sexual Behavior (John Wiley & Sons Inc, 1994)

[2]Edward O. Laumann, John H. Gagnon, Robert T. Michael, Stuart Michaels, The Social Organization of Sexuality (University of Chicago Press, 2000)

Oui, je crois que le sexe est principalement pour les femmes, mais je crois aussi que les femmes sont responsables de le protéger et même aider les hommes à comprendre son importance. Quand une femme se déprécie, elle ne se voit pas belle aux yeux hommes et femmes.

Rappelez-vous, la femme a été créée de la côte de l'homme, et l'homme a été créé à partir de la poussière. La femme était si spéciale à Dieu qu'il ne voulait même pas la créer à partir de la poussière. Par conséquent, une femme qui n'est pas belle ou se comporte mal n'est pas en conformité à l'objectif qui a été conçu pour elle.

Il est très facile d'être attirante sans montrer toutes vos marchandises. Un homme qui peut voir les marchandises d'une femme n'adopte pas une mentalité d'attachement, mais se lance à la chasse.

Une fois qu'il devient le chasseur vous êtes dévaluée. Lorsque le point focal de l'attention de l'homme devient votre visage et yeux, il va se rapprocher de l'attachement. Lorsque les seins et les cuisses deviennent le point focal, il devient le chasseur.

Je vois tellement de belles femmes qui exposent leur marchandise, et qui veulent être respectées et ne pas être traitées comme un objet sexuel. Ces femmes ne comprennent pas ce qui se passe dans l'esprit d'un homme quand elle lui dévoile son corps d'une certaine manière.

J'ai appris à mes filles la mentalité des hommes pendant toute leur vie, parce que les hommes ne pensent pas du tout comme les femmes. Les femmes à plusieurs reprises croient que les hommes autour d'elles pensent comme elles, et trouvent que certaines tenues qu'elles portent sont belles. Mais les hommes ne sont intéressés qu'à lorgner leur habit de haut en bas et fantasmer sur les formes qui se révèlent lorsqu'une robe dévoile ce qu'ils veulent voir. Il ne pense qu'a ce qui est en dessous de l'habit. Sa pensée suivante est voir qu'est-ce qu'il peut faire pour la déshabiller. Il imagine la femme nue, et la mauvaise tenue lui facilite le processus.

Il ne se rappelle même pas ou se soucier de la couleur, la qualité et où la tenue qui a été achetée. De toute manière, la plupart des hommes ont une vision mentale à rayons X, et lorsqu'une femme s'habille légèrement, ça lui facilite la tâche; il adore ça.

Une femme qui s'habille de manière professionnelle ou de manière respectueuse attire l'attention d'un homme également, et l'homme l'aborde très différemment de celle qui s'habille légèrement. Elle exige son respect tout simplement par la façon dont elle présente et se comporte.

Je sais qu'il y a des hommes qui ont tellement de désirs lubriques qu'ils n'auraient aucun problème à flirter avec une nonne dans son habit, sans aucune réserve. Mais votre classe et manière de parler le remettra a sa place rapidement lorsque vous savez qui vous êtes. Donc, ne

104

permettez pas à la société de dicter la manière dont vous devez vous habiller ou comment voyez votre importance et valeur. Comprenez que vous avez une grande valeur aux yeux de Dieu qui a créé le sexe afin que les hommes vous désirent et vous donnent de la valeur aussi.

Maintenant, j'espère que vous pouvez aider les femmes qui s'habillent légèrement à comprendre que ce qu'un homme voit détermine son action.

Chapitre 8: Le son que les Hommes Aiment

☙

"N'oublie pas non seulement de dire la bonne chose au bon endroit, mais de ne pas dire la mauvaise chose au moment où tu as envie de le faire, ce qui est d'autant plus difficile"

~Benjamin Franklin

☙

Dans ce chapitre, je vais dévoiler quelle est la kryptonite pour la plupart des hommes et la chose qui les amène à faire ce qu'ils ne veulent pas faire.

Je dis aux femmes qu'elles peuvent faire en sorte que les hommes dans leur vie accomplissent les choses de la manière dont elles désirent.

Cette idée passionne les femmes quand elle est présentée, mais elles ne réalisent pas que ça les oblige à réapprendre certains principes très importants.

Nous pouvons revenir sur l'expérience sexuelle pour établir les bases de ce principe. Quand un mari et une femme ont un rapport sexuel, la femme peut avoir des gémissements qui excitent complètement l'homme.

Ça ne fonctionne pas de la manière quand l'homme émet ce genre de sons. Il est donc clair que les oreilles des hommes peuvent être un chemin à son cœur.

La clé principale dans ce chapitre est d'apprendre à amener le bruit produit au cours de la passion en dehors de la chambre dans la vie quotidienne. Au cours de mes réunions de la *vraie valeur d'une femme*, quand je projette une image d'un chiot sur l'écran, toutes les femmes disent, "Oooh ", directement. Ensuite, quand je projette l'image d'un bébé nouveau-né sur l'écran, le son se transforme en "Ahhh" mais l'attitude est la même.

Leur réaction à ces images me donne l'occasion d'instruire le public qu'elles sont tout à fait conscientes du son et savent comment émettre le son, mais elles ne pourraient pas savoir quand ou pour qui l'émettre.

Lorsque la femme se tient debout devant l'homme pour annoncer le but, elle se positionne comme si elle était une aide semblable pour émettre le bon son. Le son qui rend l'homme conforme et faible dans sa résolution, est celui qui affirme l'homme et le soutient.

Arrêtez de Lui Faire Face

Les femmes se sont détournées de leur position d'annonciation à celle de confrontation. Ce n'est pas le son qui va inciter l'homme d'aller dans un sens positif. Puisque l'homme est un protecteur, quand il est attaqué, il doit résister à l'attaquant.

Beaucoup de femmes pensent que c'est leur devoir de dire aux hommes dans leur vie ce qu'il faut faire; leur dire ce qu'ils font mal et quand ils sont idiots. Mais, dans la plupart des cas, ça se retourne contre elles. Je suis d'accord qu'il y a des domaines où les hommes ont vraiment besoin d'aide et d'instruction, mais c'est la façon dont on leur communique ça qui va créer un changement en l'homme.

Si elle ne provoque pas une dispute, l'homme s'arrête et n'aura rien à dire. Cela peut entraîner une nouvelle confrontation lorsque la femme tente de lui faire expliquer son silence. Tout cela aurait pu être évité, mais il faut une femme qui est sûre d'elle-même et assez sage pour savoir qu'elle veut des résultats et non quelqu'un pour lui dire qu'elle a raison.

Je dis aux femmes qui ont un fils de lui parler correctement, et il fera tout en son pouvoir pour lui faire plaisir. Les hommes détestent entendre quelqu'un s'agiter et se plaindre!
Mais il n'y a pas un homme sur la planète qui déteste les mots de soutien et être complimenté.

Vous vous posez peut-être la question, "Est-ce ça marche vraiment quand on utilise le bon son? ". Dans cette partie, nous allons revenir à la question du sexe, mais sachez que les hommes peuvent être complètement trompés par une femme qui émet des sons de passion, même si il n'y a pas de passion. Une femme âgée au bout du téléphone, assise et lisant un lire dans son bureau peut emmètre des sons de plaisirs qui peuvent amener l'homme qui l'écoute à se surexciter.

Il y a des hommes qui appellent ces services le chat sexe, juste pour entendre le son de gémissements et du plaisir. Quand j'apprends le principe du son aux hommes, ils se secouent tous la tête comme signe de confirmation. Dans les réunions avec les hommes je donne l'argument qu'on regarde plus la pornographie pour le son que pour les images.

Il y a beaucoup de différents types de femmes impliquées dans la pornographie, mais après un certain temps il n'y a plus rien de nouveau à voir; alors pourquoi les hommes continuent-ils à regarder ? C'est à cause du son! Un homme est surexcité quand il entend le son du gémissement d'une femme même si elle est connectée à une autre personne. Il s'excite également lorsqu'il entend le son même s'il n'a rien à voir avec le sexe.

A Quoi Ressemble ce Son?

Certains hommes vont chaque jour au même endroit de business à cause d'une employée qui s'adresse avec charme et douceur. Il n'y pas de flirt ou de relation; c'est juste que la femme sait très bien comment faire revenir ses clients.

Une femme au bureau peut dire à un homme que sa cravate est belle et va bien avec sa tenue. Elle enchaine avec ses autres responsabilités du travail sans rien penser de cette déclaration, mais sa déclaration a laissé un impact dans le cœur de l'homme. Quelques temps après cette rencontre, l'épouse de l'homme commence à lui demander pourquoi il porte cette cravate au travailler si souvent.

C'est à cause du compliment de la femme qui admirait sa cravate, alors que son épouse dit: "Mais pourquoi tu portes cette vilaine cravate, et vas-tu vraiment porter ce pantalon ? "Là vous voyez l'image et comprenez!

Croyez-moi quand je dis que les hommes se déplacent positivement vers le bon son, et s'éloignent rapidement loin des sons de la négativité. Il semble que le cœur d'un homme est plus connecté à ses oreilles, et ses oreilles veulent entendre une femme contente et qui a du plaisir. C'est pourquoi les femmes vexées, mécontentes, qui aiment se plaindre et les disputes, sont souvent seules. Ce genre de femmes accuse les hommes d'être indifférents, mais leur bouche n'est pas conditionnée pour d'attirer leurs oreilles.

Colossiens 4:6 Que votre parole soit toujours accompagnée de grâce, assaisonnée de sel, afin que vous sachiez comment il faut répondre à chacun.

Romains 10:17 Ainsi la foi vient de ce qu'on entend, et ce qu'on entend vient de la parole de Christ.

Quand un homme prend le temps d'acheter un cadeau pour la femme dans sa vie, il le fait pour entendre le son. La femme peut tout gâcher si elle pense qu'il ne s'agit que du cadeau. La femme qui a de la sagesse jouira toujours de cadeaux, car elle a appris quel son emmètre et quand l'emmètre.

Je dis aux femmes de ne jamais émettre le son qui indique plaisir et excitation parce qu'elles ne veulent pas décevoir les hommes de leurs vies, alors qu'elles ne ressentent pas vraiment ces sentiments. Les femmes qui ont fait cette erreur ont reçu plusieurs cadeaux venant de leurs hommes parce qu'elles croient que si le cadeau les a rendus une fois heureuses, alors pourquoi le son ne marcherait pas à nouveau.

D'autre part, la femme ne peut pas faire de sorte qu'il se sente stupide une fois qu'il a acheté le cadeau. Alors, que devrait-elle faire quand un homme lui achète quelque chose pour entendre le son et qu'elle n'aime pas le cadeau?

Donnez-lui le son et l'instruction sans détruire vos chances d'obtenir d'autres cadeaux. Si vous gérez mal cette situation, les cadeaux vont disparaitre. Si vous pensez que le fait qu'il prend le temps de vous acheter des cadeaux est très important , et que vous appréciez ça, alors vous pouvez lui dire ce que vous aimez et comment vous l'appréciez.

Tout de suite après lui avoir dit ce que vous aimez, dites-lui quelque chose qui va le rendre spécial , parce qu'il a pensé à vous!

Mères et Fils

Si vous voulez que votre fils vide la poubelle lorsqu'elle est remplie, ou finissent les corvées menageres, tout ce dont vous avez besoin, ce sont des mots d'affirmation.

> Mère: "Je suis tellement contente quand tu as a sortis la poubelle ! "
> Fils : (Aucun mot exprimé, mais il prend note dans son cœur)

Pour renforcer l'action, le fils doit entendre sa mère dire à quelqu'un d'autre comment il a bien vidé les poubelles (alors qu'il est présent ou tout simplement à portée de voix). Vous n'aurez plus jamais à lui dire de sortir la poubelle. La mère doit continuer à le complimenter et récompenser.

L'expression "le garçon a sa maman "vient de l'exemple d'un fils qui est très proche de sa mère et lui permet de s'impliquer dans ses affaires. Mais comment a-t-elle pu gagner cette place à part le fait d'être sa mère?

Avez-vous déjà entendu comment cette mère parle avec son fils ? Le son plaît complètement à ses oreilles et son cœur. Ce qui peut être surprenant, c'est la façon dont elle parle avec son mari si elle est mariée. Elle peut parfois rater complètement ce principe quand il s'agit de son mari, mais le son fonctionne régulièrement et efficacement avec son fils.

Donner et Recevoir

Quand les hommes entendent les choses que je vous dis dans ce chapitre, ils me disent que je ne devrais pas divulguer tous nos secrets, parce que chaque homme sait très bien qu'il ne peut pas résister au bon son qui vient d'une femme.

Si vous pensez que les sons de la plainte, colère, dénigrement, exaltation de soi, et du même genre vont changer les hommes dans votre vie, alors ignorez ma suggestion.

Les femmes me disent qu'elles ont besoin d'entendre des sons d'affirmation également, et que leur conjoint ou copain les dénigrent. Il y a des principes étonnants dans la Bible qui disent: "Donnez et il vous sera donné ", et si "vous êtes amical, vous aurez des amis. ".

Donnez ce que vous voulez ressentir afin de recevoir beaucoup plus que ce que vous avez donné! Commencez à pratiquer le son aujourd'hui et commencez à profiter des récompenses.

Les femmes ont demandé, "Que devraient-elles faire si leurs hommes n'ont rien qu'elles puissent complimenter?".

Je leur dis de trouver quelque chose, même si c'est très petit pour commencer et progresser par la suite.

Peut-être que la seule chose qu'il fait de bien est redescendre le siège de toilette après avoir utilisé les toilettes; mais c'est important. Sortez des toilettes et remerciez le d'avoir redescendu le siège, et il va commencer à faire d'autres choses sans que vous lui demandez, afin d'entendre ce son.

Lorsque vous faites ce que je présente dans ce chapitre, et l'homme de votre vie continue à vous rabaisser et traiter mal, alors il est temps de faire des changements importants. Si vous êtes mariée, trouvez quelqu'un qui peut l'aider à faire face à sa colère et impatience dès que possible. Si vous sortez avez cette personne, courez et courez vite car il y a des problèmes profond de cœur que votre relation ne saura pas résoudre.

La plupart du temps l'homme qui a des problèmes de caractère va se dévoiler, mais il comprend que vous avez la possibilité de partir, alors il présenter ses excuses pour que vous le pardonnez et continuez C'est le signe évident qu'il a des problèmes; donc ne négligez point ce signe ou d'autres signes similaires.

Quand tout est normal, le principe du temps de la semence et la moisson va travailler en relation avec le son .Parlez à votre homme avec douceur et regardez-le vous donner toute son attention. Demandez-lui de vous parler de ce qu'il fait dans la vie; montrez-lui un véritable intérêt et il va parler de tout ce que vous voulez. Dites-lui comment vous aimez être dans sa vie et la manière dont il vous traite. Il fera tout ce qu'il peut pour continuer à vous le faire ressentir.

C'est un outil très puissant qui ne devrait pas être utilisé avec insouciance et sans égard pour les sentiments des gens. N'allez pas au bureau pour contrôler des hommes avec des affirmations douces et compliments vides. Ca produira plus que ce que vous voulez contrôler, et vous donnera la réputation d'une allumeuse. Mais quand vous le faites avec les bonnes motivations, votre vie et les relations vont progresser en ce qui concerne les hommes.

Apprenez le son, utilisez le son et soyez son!

Section 4: L'Alliance

Chapitre 9 : Vrai Mariage

Un mariage qui réussit nécessite qu'on tombe amoureux à plusieurs reprises, toujours avec la même personne

~Mignon McLaughlin

Aujourd'hui, le thème du mariage est très débattu. Une redéfinition du mariage semble être l'objectif et le but de plusieurs personnes dans la société. Il est clair que la structure de la famille va souffrire si ce but est accompli, mais je pense que les personnes qui souffriront sont des femmes.

Rappelez-vous qu'un homme doit s'attacher à la femme, et les deux deviendront une seule chair. Le principe de l'attachement a été conçu pour le mariage et non pas pour courtiser, de sorte que la femme expérimente et connaisse toujours sa valeur.

Dans la redéfinition du mariage, les hommes veulent se marier entre eux en enlevant la femme de l'équation. Et quand deux femmes veulent se marier entre elles, celui qui est conçu pour s'attacher (l'homme) est retiré de ce processus. Les personnes impliquées dans ces relations ont un problème majeur. Elles ne peuvent pas se donner elles-mêmes les connections internes nécessaires pour vraiment imiter la relation du mariage entre un homme et une femme. Il faut un homme et une femme pour déclencher la programmation interne pour que cette fonctionnalité soit engagée.

Attention à la Poussière!

Dieu a dit à Adam de rechercher parmi les animaux pour trouver une aide semblable, mais il n'a rien trouvé qui pouvait fonctionner dans la louange comme il le faisait. Quand Dieu a créé la femme et la présentée à Adam, il savait qu'elle était parfaite, et parfaitement conçu pour le compléter. Sans père et mère, il a déclaré que l'homme doit quitter ses parents pour joindre son épouse.

Genèse 2:23, 24 Et l'homme dit: Voici cette fois celle qui est os de mes os et chair de ma chair! On l'appellera femme, parce qu'elle a été prise de l'homme. 24 C'est pourquoi l'homme quittera son père et sa mère, et s'attachera à sa femme, et ils deviendront une seule chair.

Le processus de leur création était totalement différent, l'homme a été façonné à partir de l'argile et la femme a été créée à partir de sa côte.

Ceci signifie que la femme n'a pas à être associée à la poussière. Avez-vous déjà été autour d'une femme qui insulte tout le temps, et remarqué que ça vous dérange le cœur ou les oreilles ?

Les hommes qui insultent ne sont pas tenus au même standard, et sont plus tolérés par l'auditeur. J'ai entendu à plusieurs reprises des femmes se plaindre de choses que les hommes fon; et si elles le faisaient également elles seraient considérées comme femmes légères ou impudiques.

Dieu n'a jamais voulu que la femme fasse les choses que les hommes font. S'il voulait qu'elle soit sale, il l'aurait créé à partir de la poussière. Il est donc important de penser à votre propre personne de la manière dont Dieu vous a présenté à Adam, dans toute votre beauté et de splendeur.

Les hommes Aiment la Poussière

En tant que femme, vous devez faire très attention pour ne pas être attirée vers la souillure du monde et mentalité des hommes. La plupart de la mode est créé par des hommes qui conçoivent des vêtements pour révéler le corps de la femme afin de la pousser à accepter la souillure.
Je peux entendre certaines de vos pensées, et vous devez comprendre que même si le designer est une femme, elle peut être influencée par les désirs de la mentalité masculine.

Les hommes ont persuadé les femmes à entrer dans leur monde souillé de la pornographie, de la prostitution et l'exposition dans Internet. Toutes ces choses contribuent à satisfaire ses désirs pour le sexe et remplir ses mauvaises pensées, mais ça ne devrait pas être le cas pour vous.

Les attitudes culturelles d'aujourd'hui sont tellement entrelacées dans l'esprit des femmes d'aujourd'hui que de nombreuses femmes pensent qu'elles ont pris une décision indépendante d'embrasser la souillure.

Mais c'est comme une grenouille dans l'eau: si vous la placez dans l'eau chaude, elle va rapidement sauter pour sortir, mais si vous le placez dans l'eau froide et augmentez la température progressivement, elle va y rester et cuire à mort.

C'est la manière dont l'enfer a envahi la culture et changé le but que Dieu avait conçu pour la société, mais particulièrement pour les femmes. Rappelez-vous, l'ennemi déteste le ventre de la femme parce que Jésus est entré dans le monde à travers son ventre, détruit les œuvres de Satan et libéré le monde.

Luc 1:15, 16 Car il sera grand devant le Seigneur. Il ne boira ni vin, ni liqueur enivrante, et il sera rempli de l'Esprit Saint dès le sein de sa mère; 16 il ramènera plusieurs des fils d'Israël au Seigneur, leur Dieu;

Luc 2:21 Le huitième jour, auquel l'enfant devait être circoncis, étant arrivé, on lui donna le nom de Jésus, nom qu'avait indiqué l'ange avant qu'il fût conçu dans le sein de sa mère.

Une Personne, un Nom

Avez-vous remarqué que je n'ai pas appelé le nom de la femme de la genèse?

Maintenant que nous sommes clairs sur l'ordre et l'importance de la création de la femme, nous pouvons mieux comprendre comment elle est connectée à l'homme dans l'unité.

Adam l'a appelée "femme ", où son dessein est basé créateur, Dieu. C'est Adam qui a nommé les animaux parce qu'il comprenait leur but. Il en était de même avec la femme; quand il la vit, il pouvait lui donner un nom à cause du but qu'elle accomplirait.

Si vous êtes une femme qui lit ce livre, vous savez que vous êtes une femme, mais il n'est pas acceptable de vous référer par ce terme seulement, comme dans, "Hé femme!"

La plupart répondrait: "Cette femme a un nom!"

Vous êtes une femme n'est-ce pas ? Oui, mais c'est un terme impersonnel, et il ne fait pas de distinction entre vous et les autres femmes.

Alors, Adam se déplaçait-il en appelant sa femme par son nom? Quel était son nom ? Avez- vous répondu, "Eve "?

Désolé de vous informer, mais ce n'est pas exact. Je sais que c'est ce qu'ils ont enseigné à l'école du dimanche à l'église, et c'est le nom que vous entendez quand certains font allusion au premier couple.

Parce qu'Adam et Eve est tout ce qui est enseigné, la vrai compréhension du mariage a été attaquée et même à bien des égards perdue.

Ce que je suis sur le point de vous montrer, qui a été dans la Bible pendant des siècles, va complètement renforcer le mariage et enlever tous les doutes.

Genèse 5:1, 2 Voici le livre de la postérité d'Adam. Lorsque Dieu créa l'homme, il le fit à la ressemblance de Dieu. 2 Il créa l'homme et la femme, il les bénit, et il les appela du nom d'homme, lorsqu'ils furent créés.

C'est pour cette raison que j'ai commencé le livre en expliquant le fait que Dieu leur avait parlé et les avait bénit. Et remarquez ce qu'ils ont été appelés "Adam ".

M. et Mme Adam est devenu un dans le jardin, et de leur unité ils adoraient le Seigneur. Il n'existe aucun moyen de devenir que si quelqu'un reçoit le nom d'un autre.

Quand Dieu est descendu dans la fraîcheur de la journée et a appelé Adam, ils venaient tous les deux et communiaient avec Lui. C'est plus évident une fois que l'automne arrive et que Dieu appelle Adam, mais pas pour sa femme.

Genèse 3:9 Mais l'Éternel Dieu appela l'homme, et lui dit: Où es-tu?

Mais maintenant, nous savons que Dieu appelait les deux en utilisant le nom qui les identifiait, "Adam ". Ce n'est qu'après la désobéissance que le nom de la femme a été changé à Eve. Le principe associé à l'unité est que lorsqu'une alliance est établie les noms sont modifiés pour indiquer l'unité, et quand les alliances sont brisées, les noms sont également changés.

Après la chute, il se produit une séparation dans le jardin et maintenant il y a deux personnes au lieu d'une personne parfaite. Puisque que la femme devait être la mère de tous ceux qui allaient vivre, Adam l'a appelé Eve.

Quand Abraham est entré en alliance avec Dieu son nom était Abram et Dieu a ajouté: "ah" à son nom. Le nom de sa femme était Sara et Dieu a changé son nom en Sarah en ajoutant le même "ah" à son nom Ce qui a été fait avec l'homme a également été fait avec sa femme.

Chaque fois qu'une alliance de mariage est établie, un changement de nom doit s'effectuer avec.

La raison pour laquelle les deux sont devenus un est pour qu'une nouvelle créature puisse être formée. Quand un homme et une femme s'unissent dans le mariage, une créature qui n'existait pas avant la création est créée.

La plupart n'ont pas remarqué que les trois créatures humaines différentes remplissent la terre. Un homme, une femme et un homme & femme qui sont devenus un dans le mariage; ce sont ces trois créatures humaines qui remplissent la terre.

Le Miracle Négligé

Si vous avez déjà assisté à un mariage, alors c'est la troisième créature qui a été formée sous vos yeux. C'est un miracle de la main de Dieu de prendre deux et faire un sans changer leurs caractéristiques physiques, et leur permettre de marcher sur terre comme deux individus.

Adam a compris que cette nouvelle créature de l'unité serait créée à partir du moment Mme Adam lui a été remis après sa création.

Genèse 2:24 C'est pourquoi l'homme quittera son père et sa mère, et s'attachera à sa femme, et ils deviendront une seule chair.

Il est important de rappeler que la femme n'est pas seulement cette créature, qui peut produire des enfants et remplir la terre, mais elle est tout à fait capable de faire avancer la vision et les objectifs de Dieu sur la terre. Elle n'est pas une addition à l'homme, mais son achèvement, et leur accord et efforts sont très difficiles à stopper quand ils décident d'avancer.

Les hommes qui peuvent avoir le dessert sans payer le plat de résistance le feront le plus possible, c'est une autre raison pour laquelle les rapports sexuels avant le mariage ne doit jamais être quelque chose que vous envisagez.

Comme la grenouille dans l'eau, puisque les femmes se sont convaincu petit à petit qu'avoir des enfants sans un accord d'alliance avec l'homme est convenable, elles ont subi une perte. L'homme est allé semer son avoine dans d'autres champs tandis que la femme est laissée à prendre soin et élever l'enfant toute seule.
Je comprends que la femme aime son enfant, mais qui s'en sort bien dans cette affaire?

Dans le mariage que Dieu a conçu, une femme n'est jamais dévaluée. Les enfants proviennent de l'union pour l'aider à progresser et à honorer le père et la mère. La structure familiale est conçue pour montrer encore plus de valeur à la femme, épouse et mère!

Les pères devraient enseigner à leurs fils comment respecter et à honorer leurs mères et leurs sœurs, car ils en auront besoin de cette formation une fois qu'une femme se joint à leur fils. Les filles doivent apprendre à honorer leurs pères et frères afin d'avoir une longueur d'avance au niveau de la compréhension sur les avantages du son.

Lorsque le ménage a une bonne relation d'adoration, chaque membre de la famille peut découvrir la grandeur de Dieu, et les enfants peuvent en faire une partie de leur vie une fois qu'ils quittent la maison de leurs parents.

C'est l'une des raisons par laquelle l'effet d'entraînement du divorce provoque tant de douleur. Dieu dit que l'homme n'avait pas le droit de se séparer ce qu'il avait mis en place, dans sa sagesse infinie.

A chaque fois qu'il y a un divorce, Satan est assis dans un coin du tribunal ou dans le bureau de l'avocat avec un grand sourire sur son visage. La conception de Dieu est détruite et le pouvoir de deux qui sont ont devenu un ne peut plus produire.

Ecclésiaste 4:9,10 Deux valent mieux qu'un, parce qu'ils retirent un bon salaire de leur travail. 10 Car, s'ils tombent, l'un relève son compagnon; mais malheur à celui qui est seul et qui tombe, sans avoir un second pour le relever!

Tournez et faites Face au Public

Une fois la cérémonie de mariage est conclue, c'est de la responsabilité de l'officier d'annoncer le nouveau couple. Dans mon cas, ma femme marchait dans l'allée avec son père comme Joanndra Forbes, mais lorsque l'évêque Wellington et Mme Boone nous ont présentés à l'assemblée, ils ont dit, M. et Mme Larry A. Jackson.

Ma femme n'a pas pris mon nom comme on le comprend, mais elle a pris mon nom au complet, et je suis devenue une dame, même si je ne suis pas une femme. Une personne qui n'était pas présente à l'église au début de la cérémonie a été présentée à l'assemblée.

Le vrai mariage est entre des créatures qui sont différents l'une de l'autre afin qu'une nouvelle créature se forme. Mettre deux créatures qui sont les mêmes ensembles peut simplement augmenter le nombre de la créature, mais ne le rend pas différents.

Seul un homme et une femme peuvent créer le troisième homme qui marche sur cette terre, et Dieu a déclaré une bénédiction sur leur vie.

L'église a également adoptée une autre habitude qui a été mise en place par le monde de la femme, qui est d'utiliser un trait d'union pour garder le nom et l'identité de son père. Une nouvelle créature n'est pas présentée lorsqu'on adopte cette pratique. L'homme ne peut pas devenir un avec le père de la femme.

Rappelez-vous, leur nom était Adam le jour où ils ont été créés. Pas Adam et Eve! Votre père pourrait être un homme béni qui a bien pourvu à vos besoins, mais une personne et vision sont en train d'être établis sur la terre qui ne dépend pas de la participation de votre père.

Personne ne peut voir la troisième personne qui marche dans l'allée avec le couple, mais ce n'est que Jésus et lui seul qui peut faire ce que votre père n'a jamais pu faire. Je dis aux couples qu'un vrai mariage se compose de trois personnes et pas seulement deux.

Le but du mariage est de montrer la valeur qu'il a au créateur pour la vie et vision qui leur a été données. Dans les cérémonies que je célèbre, le couple reçoit la communion avant de s'embrasser afin qu'ils puissent reconnaître Jésus avant qu'ils ne se déclarent dans un moment d'intimité.

A partir de ce jour, le couple ne doit jamais oublier la troisième personne, et doit toujours l'inclure (Jésus) dans leur vie et les décisions.

Chapitre 10: La BONNE chose Trouvée

CRBO

C'est une joie et vertu lorsque ceux qui s'aiment se reposent sur le même oreiller.

~Nathaniel Hawthorne

Ce que je vais partager dans ce chapitre va provoquer la remise en cause ou rejection totale de l'information par beaucoup de femmes. Avant d'y aller, regardons l'écriture qui a inspiré le titre du chapitre.

Proverbes 18:22 Celui qui trouve une femme trouve le bonheur; C'est __une grâce__ qu'il obtient de l'Éternel.

Je pense qu'on n'a pas besoin de débattre sur l'écriture et son importance. Tout homme qui trouve une femme doit comprendre ce passage et de suivre son principe.

Regardons un autre passage qui est accompagné Proverbes 18:22 .

Proverbes 12:4 Une femme vertueuse est la couronne de son mari:

Ce sont deux belles écritures, mais je crois qu'elles ne sont pas appliquées, et dans de nombreux cas, même pas considérées.

Parce qu'elles ne le sont pas, la valeur qui doit être placée à la femme a presque disparu de la société ainsi que de l'église.

Dans Proverbes 18, un principe important est présenté: C'est l'homme qui trouve la femme et non la femme qui trouve son mari.

Quand il se met en position pour demander la main, pourvoir, et protéger la femme avant même qu'elle soit son épouse, alors le même principe devrait s'appliquer après le mariage.

Elle est la chose qui a la valeur. Une fois qu'elle est découverte, le seigneur le favorise parce qu'il a trouvé celle qui le complète, et une nouvelle créature qui va produire ce que les deux pourraient jamais accomplir séparément se forme.

Elle est si précieuse que la Bible déclare qu'elle est la couronne de son mari. Les couronnes montrent au monde que quelqu'un qui a de l'autorité arrive ou est déjà présente sur les lieux.

Cette couronne peut très bien représenter la femme étant au-devant pour annoncer le but de leur union. Une chose dont nous sommes sûrs, c'est qu'une couronne est belle, et très chère.

La question que je pose aux femmes dans mes réunions, avec ces faits à l'esprit est :"Pour qui est-ce que le mariage a été conçu? ". Elles ont des problèmes à trouver la réponse, de la même manière que lorsque je demande des hommes pour qui a été conçu le sexe.

Tout d'abord, permettez-moi de poser une autre question. Qui a été trouvé et qui est la personne qui a fait la découverte?

Si je découvre un trésor dans un champ, serait-il pas logique de me féliciter et non le trésor? La tache complète qui s'agit de prendre soin du trésor reposer uniquement sur moi, mais je suis la personne qui s'enrichi parce que j'ai fait la découverte.

S'il y avait une fête pour célébrer ma découverte, serait-elle pour moi ou le trésor? Alors pourquoi en Amérique du Nord, les femmes pensent que la bonne chose découverte doit contrôler le processus du mariage?

Les mères et filles pensent et planifient le mariage depuis l'âge d'enfance d'une fille sans jamais regarder sa véritable nature et son but.

Le mariage est conçu pour que la femme soit honorée et estimée par celui qui l'a trouvé et toutes les personnes dans leur vies.

L'homme n'est point une addition à ce processus; c'est son processus. Rappelez-vous, tout ça est fait pour copier le modèle de Christ et l'église. L'église comprend qu'il y aura les noces et le mariage un jour, mais n'a absolument aucune idée de la date ou le lieu où il se tiendra.

Le devoir de la femme est de trouver une robe de mariée qui va la rendre belle pour être prête quand son homme vient pour elle.

Alors le royaume des cieux sera semblable à dix vierges qui, ayant pris leurs lampes, allèrent à la rencontre de l'époux. [2]Cinq d'entre elles étaient folles, et cinq sages. [3]Les folles, en prenant leurs lampes, ne prirent point d'huile avec elles; [4]mais les sages prirent, avec leurs lampes, de l'huile dans des vases. [5]Comme l'époux tardait, toutes s'assoupirent et s'endormirent. [6]Au milieu de la nuit, on cria: Voici l'époux, allez à sa rencontre! [7]Alors toutes ces vierges se réveillèrent, et préparèrent leurs lampes. [8]Les folles dirent aux sages: Donnez-nous de votre huile, car nos lampes s'éteignent. [9]Les sages répondirent: Non; il n'y en aurait pas assez pour nous et pour vous; allez plutôt chez ceux qui en vendent, et achetez-en pour vous. [10]Pendant qu'elles allaient en acheter, l'époux arriva; celles qui étaient prêtes entrèrent avec lui dans la salle des noces, et la porte fut fermée. [11]Plus tard, les autres vierges vinrent, et dirent: Seigneur, Seigneur, ouvre-nous. [12]Mais il répondit: Je vous le dis en vérité, je ne vous connais pas. [13]Veillez donc, puisque vous ne savez ni le jour, ni l'heure. Matthieu 25:1-13

Je comprends que les hommes ne vont pas devenir des planificateurs de mariage, mais ils ne devraient pas être exclus du processus de prise de décision. La raison pour laquelle nous avons ce qu'on appelle une "bridezilla" c'est parce que la femme pense qu'il s'agit que d'elle.

Il ne s'agit seulement d'elle, mais pas de la manière dont elle pense. Par conséquent, même s'il l'aime assez pour l'épouser, elle ne lui permet pas de l'honorer et lui donner la vraie valeur qu'il devrait lui accorder.

Ce n'est pas le jour du mariage de la maman de la mariée également. Elle devrait avoir peu ou rien à dire dans ce processus. Cela peut sembler cruel, mais c'est biblique. Par ailleurs, ma belle-mère n'a pas interféré dans mon mariage, donc je ne vous dis pas cela par amertume.

Lorsque vous suivez les normes de royaume, de nombreuses choses que nous faisons deviennent la cible d'attaques afin que ces normes s'ajustent dans nos vies dans le but de les présenter au monde de manière correcte. Croyez-moi, j'ai été testé sur ce principe, et dû ajuster ma manière d'exposer le principe afin qu'il soit mieux reçu. Je veux que vous puissiez profiter du jour de votre mariage et le processus de planification, mais n'excluez pas l'homme.

Il s'Est Donné Lui-même

La bible dit au mari que sa femme est si précieuse et a telle valeur qu'il donnera sa vie pour elle!

Maris, aimez vos femmes, comme Christ a aimé l'Église, et s'est livré lui-même pour elle, [26]afin de la sanctifier par la parole, après l'avoir purifiée par le baptême d'eau, [27]afin de faire paraître devant lui cette Église glorieuse, sans tache, ni ride, ni rien de semblable, mais sainte et irréprochensible. [28]C'est ainsi que les maris doivent aimer leurs femmes comme leurs propres corps. Celui qui aime sa femme s'aime lui-même. [29]Car jamais personne n'a haï sa propre chair; mais il la nourrit et en prend soin, comme Christ le fait pour l'Église, [30]parce que nous sommes membres de son corps. Ephésiens 5:25-30

L'homme qui comprend vraiment que sa femme est un avec lui, fera tout en son pouvoir pour lui faire plaisir.

Il l'a trouvée et l'a convaincue de quitter la sécurité de sa famille pour se joindre à lui dans le nom et l'objectif. Il suit le modèle établi par Jésus avec l'église; Il lui a dit que tout ce qu'elle demande en son nom, il le fera.

Jésus est venu sur terre et nous a trouvé, nous ne l'avons pas trouvé ; ce qui indique qu'Il nous a accordé de la valeur. Il a ensuite donné sa vie pour payer le coût de la dote fixée par le Père pour demander notre main en le mariage. Le coût était énorme, mais Jésus a estimé qu'il valait le prix pour que nous fassions un avec Lui.

Vous voyez, le vrai mariage à faire avec le Christ et son Église, et pas seulement un homme et une femme. Avec toutes les choses que l'homme essaye de faire pour changer le modèle de la conception du mariage, ça ne peut pas toucher le vrai mariage.

Ceux d'entre nous qui suivent l'objectif du royaume comprennent que le mariage a beaucoup plus à voir avec Jésus, que des gens qui trouvent l'amour sur la terre. Par conséquent, si nous voulons avoir un mariage qui réussit, il faudra trois personnes au lieu de deux. Il faudra l'homme, la femme, et

Jésus comme le troisième et plus important personne, parce que c'est par lui que tout est maintenu.

L'homme et la femme ne sont pas considérés comme deux personnes distinctes, mais comme une personne (L'Eglise / épouse) qui sert maintenant le Seigneur Jésus-Christ (mari).

Rappelez-vous toujours la valeur que Jésus a accordée à ceux qui vont devenir l'Eglise, et attendez-vous à ce que la même valeur qui vous soit accordée en tant qu'épouse potentielle.

Dans la ligne de réception de mariage, les gens devraient féliciter le mari et exprimer à quel point la mariée est belle. C'est parce qu'il a trouvé sa bonne chose dans sa femme, et sa vie vient de s'accroitre, et la belle femme à son bras le rend encore plus grand.

Dans le prochain chapitre, je vais décrire la manière dont Jésus se marie l'église, et toutes les étapes qu'il a mises en place pour accroitre la valeur de son épouse (l'église).

Si Jésus suit ce motif, combien plus une femme doit permettre à son homme de faire de même?

Profitez de votre mariage, mais rappelez-vous toujours c'est vraiment le mariage de qui, le mari!

Section 5: Le Guide des Femmes Célibataires

Chapitre 11: Le Vrai Amour

ଔଷଔ

"Une femme célibataire, de bonne fortune, est toujours respectueuse, et pourrait aussi sensible et agréable que d'autres".

~Jane Austen, Emma

ଔଷଔ

La plupart des références dans ce livre concernent les femmes mariées, donc je vais consacrer ce chapitre à répondre à la femme célibataire.

Essayer de comprendre les relations, les carrières, les pressions sociales et de l'âge peut créer une grande anxiété chez la femme célibataire.

Pour cette raison, la femme célibataire doit comprendre l'importance de rester dans la parole du Seigneur et dans l'adoration.

Beaucoup de femmes célibataires m'ont dit qu'elles ont besoin de plus que la simple lecture et la prière; elles ont besoin de compagnie. C'est cette nécessité qui a causée des problèmes dans la vie de nombreuses bonnes femmes, parce que c'est de la solitude de leur cœur qu'elles exposent leurs vies à la souffrance qui peut persister pendant des années et des années.

J'ai cinq filles et trois sont encore célibataires et en âge de se marier. Nous avons parlé des besoins et des désirs de leurs cœurs d'un point de vue naturel et spirituel. En tant que père, c'est mon devoir de les instruire et de les guider dans la meilleure situation possible pour qu'elles réussissent dans leurs vies.

Une chose que je les aide à voir, c'est le fait que la solitude n'a jamais tué personne. Elle est seulement un état d'esprit! La personne solitaire dans la plupart des cas n'a pas développé une relation profonde et intime avec le Seigneur.

Des hommes et femmes célibataires réfutent toujours cette déclaration en me disant combien de temps prient et lisent leurs bibles. C'est une bonne chose quand ces activités sont incluses dans la vie des chrétiens célibataires, mais elles ne créent pas toujours une relation proche et personnelle.

Ces activités peuvent être exécutées comme une liste chrétienne de choses à accomplir et non à cause d'une passion pour le Seigneur. La liste de prière peut être "toute une liste de demandes" au lieu d'une liste "que veux-tu de moi? ".

Matthieu 6:33 Cherchez premièrement le royaume et la justice de Dieu; et toutes ces choses vous seront données par-dessus.

Notez que les choses seront ajoutées <u>après</u> avoir cherché Sa justice. Dieu veut que chacun de nous soit heureux, mais Il tient à ce que nous restions sur la bonne route.

Votre vie célibataire vous aidera à vous préparer pour le moment où un homme va déclarer que vous êtes la bonne chose trouvée. Développer cette habitude avec Jésus maintenant dans ce temps où c'est juste vous et lui.

Le Premier Amour

Ésaïe 54:5 Car ton créateur est ton époux: L'Éternel des armées est son nom; Et ton rédempteur est le Saint d'Israël: Il se nomme Dieu de toute la terre;

Beaucoup de célibataires chrétiens aujourd'hui sont souvent préoccupés par le désir d'un partenaire de mariage. Dans le rêve américain, la vie idéale commence quand vous trouvez un mari ou une femme. Il y a des femmes qui ont l'impression qu'elles ne peuvent être satisfaites tant qu'elles n'ont pas de mari. Il y a une certaine vérité à ces sentiments, mais elles sont à la recherche du mauvais mari. La bible dit que notre Créateur est notre mari, et Il se marie avec ceux qui font partie de son Église. L'église est l'épouse de Jésus et Il revient pour elle. Chaque chrétien doit se marier d'abord à Dieu. Jésus doit être notre Premier Amour.

Les chrétiens résistent souvent la progression de leur Premier amour lorsqu'ils n'ont véritablement pas ancré leur affection pour Jésus. Jésus dit à l'Eglise d'Ephèse: *"Mais ce que j'ai contre toi, c'est que tu as abandonné ton premier amour. "* Apocalypse 2:4

Dans le message, voici les paroles de Jésus:

"Je vois ce que tu as fait, ton travail difficile, ton refus de d'abandonner. Je sais que tu ne supportes pas la méchanceté, et que élimine les prétendants apostoliques. Je connais ta persévérance, ton courage inépuisable dans ma cause."

"Mais tu t'es éloigné de ton premier amour-pourquoi? Alors qu'est-ce qui se passe avec toi? Est que tu as une idée de la profondeur d'où tu es tombe? La chute de Lucifer!"

"Reviens! Reprend ton cher premier amour. Il n'y a pas de temps à perdre" Apocalypse 2, MNT, p . 516.

Plus nos vies de prières deviennent vitales, plus nos vies se remplissent d'adoration. Dieu devient si attirant que nous pouvons difficilement rester loin de lui. Nous sommes pris par sa beauté. Lorsque nous appelons, Dieu répond. Il nous connaît dans l'intimité totale. Lorsque nous entrons dans Sa présence, nous sommes remplis de reconnaissance et de louange parce qu'Il nous aime.

" Je serai ton fiancé pour toujours; je serai ton fiancé par la justice, la droiture, la grâce et la miséricorde; [20]je serai ton fiancé par la fidélité, et tu reconnaîtras l'Éternel. " Osée 2:19-20

Ceux qui quittent leur premier amour n'ont jamais développé un vrai mariage intime avec Dieu dans le secret de la prière, et par conséquent ont des problèmes à le servir comme Son épouse qui l'aime. Comme dans le mariage entre un homme et une femme, la qualité de la relation dépend de la qualité de l'intimité. Jésus a dit: "Mais quand tu pries, entre dans ta chambre, ferme ta porte, et prie ton Père qui est là dans le lieu secret; et ton Père, qui voit dans le secret, te le rendra."Matthieu 6:6

Jésus parlait de l'intimité avec Dieu un jour quand les hypocrites religieux se sont réunis autour de lui pour essayer de le piéger. Ils lui de décrivent une femme qui était morte et allée au ciel. Puisqu'elle avait été mariée à sept maris, ils lui demandèrent qui serait son mari à la résurrection des morts. Voici sa réponse (dans deux versions de la bible):

"Jésus leur répondit: N'êtes-vous pas dans l'erreur, parce que vous ne comprenez ni les Écritures, ni la puissance de Dieu? 25 Car, à la résurrection des morts, les hommes ne prendront point de femmes, ni les femmes de maris, mais ils seront comme les anges dans les cieux." Marc 12:24-25 LSG

"Jésus dit: "Vous vous trompez, et voici pourquoi: Un, vous ne connaissez pas vos Bibles, deux, vous ne savez pas comment Dieu opère. Après la résurrection des morts, nous avons dépassé l'affaire du mariage. Comme avec les anges maintenant, toutes nos joies et intimités seront partagées avec Dieu." Marc 12, Le Message, p. 101

Comprenez-vous ce que Jésus a dit ? Il leur reprocha leur paresse spirituelle en ce qui concerne les écritures et priorités de Dieu, et Il saisit l'occasion pour leur donner une bonne perspective sur le mariage. Ila identifia pour eux leur vrai partenaire de mariage et éternel, Dieu Lui-même.

La Bible dit que, individuellement et collectivement, les croyants sont mariés à Dieu. "Car ton créateur est ton époux: L'Éternel des armées est son nom; Et ton rédempteur est le Saint d'Israël: Il se nomme Dieu de toute la terre;" Esaïe 54:5

L'Eglise a besoin aujourd'hui d'une nouvelle perspective sur le mariage. Le mariage humain n'est pas mauvais, et ce manuel vous aidera le faire marcher, mais c'est quelque chose qui est limité à la vie dans le royaume terrestre.

Si vous recherchez le bon partenaire parce que vous avancez en âge, à cause des sentiments de solitude, ou pour répondre au désir qu'une autre personne a pour vous, vous ratez l'appel éternel de Dieu dans votre vie individuelle. Les célibataires doivent développer une perspective du mariage qui est basée sur la révélation.

146

Marriez quelqu'un si Dieu vous appelle à le faire, mais ne laissez jamais cette personne interférer avec votre Premier Amour. Si vous aimez Dieu d'abord, vous allez vraiment aimer votre partenaire. Vous serez satisfait avant même de rencontrer cette personne, et la relation avec votre partenaire de mariage sera bénie de manière extraordinaire.

La plupart des célibataires ont une vision confuse pour le mariage, qui est un mélange instable de pressions culturelles et mauvaise compréhension profonde de l'esprit de Dieu. Les programmes du monde athée nous bombardent en permanence, en nous disant qu'un beau partenaire, sexuellement épanouie est la réponse à notre vide. Dans l'église, de nombreux célibataires chrétiens perdent de l'énergie mentale et émotionnelle précieuse stimulée par la perception du besoin de se marier afin de développer une intimité avec un partenaire. Mais, une relation avec Dieu est la meilleure garantie d'un heureux mariage.

"Adultères que vous êtes! Ne savez-vous pas que l'amour du monde est inimitié contre Dieu? Celui donc qui veut être ami du monde se rend ennemi de Dieu. 5 Croyez-vous que l'Écriture parle en vain? C'est avec jalousie que Dieu chérit l'esprit qu'il a fait habiter en nous. 6 Il accorde, au contraire, une grâce plus excellente; c'est pourquoi l'Écriture dit: Dieu résiste aux l'orgueilleux, Mais il fait grâce aux humbles. 7 Soumettez-vous donc à Dieu; résistez au diable, et il fuira loin de vous." James 4:4-7

Si tout ce que vous voulez c'est faire les choses à votre manière, flirter avec le monde toutes les chances que vous avez, vous rendra ennemis de Dieu et ses vois. Et pensez-vous que Dieu ne s'en soucie pas? Proverbes dit qu'"il est un amoureux très jaloux." Et ce qu'il donne en amour est beaucoup mieux que tout ce que vous pouvez trouver d'autre. On sait de manière générale que "Dieu résiste aux orgueilleux, Mais il fait grâce aux humbles. "

"Donc, laisser la volonté de Dieu opérer en vous. " Jacques 4:6, MNT, p. 483

Il y a des hommes et des femmes célibataires qui ne pensent pas que je devrais prendre cette position puisque je suis marié. Ça pourrait être acceptable si j'étais sorti du ventre de ma mère un homme marié, mais ce n'est pas le cas. Ce que je vous dis, je l'ai vécu quand j'ai donné ma vie au Seigneur et compris l'amour que Dieu a pour moi. J'étais célibataire et résisté la compagnie d'une femme afin de vivre totalement l'amour du Père. Quand j'ai trouvé ma femme elle était tellement concentrée sur le Seigneur et sa relation avec lui qu'elle a refusé ma demande en mariage plusieurs fois avant de dire oui. Nous nous somment pas mariés à cause de la pression du monde, mais parce que le Père nous a mis ensemble pour accomplir son but sur la terre.

Déjà Mariée!

Au fur et à mesure que la vision de Dieu pour votre vie devient plus claire, et les principes partagés dans ce livre sont mis en application, votre désir profond pour le mariage terrestre va mourir de lui-même et sera remplacé par un désir prendre votre destiné dans le royaume de Dieu. Votre amour pour Lui va naitre, et votre capacité d'aimer les autres va exploser.

"Béni soit Dieu, le Père de notre Seigneur Jésus Christ, qui nous a bénis de toute sortes de bénédictions spirituelles dans les lieux célestes en Christ! " Ephésiens 1:3

"Bénit soit Dieu! Il est une grande bénédiction! Il est le Père de notre Maître, Jésus-Christ, et nous emmène avec lui dans des lieux de bénédiction." Ephésiens 1, MNT, P402

Pendant trop longtemps, nous avons accepté le salut, mais encore souhaité de vivre comme le monde.

"Sachez-le, mes frères bien-aimés. Ainsi, que tout homme soit prompt à écouter, lent à parler, lent à se mettre en colère; 20 car la colère de l'homme n'accomplit pas la justice de Dieu. 21 C'est pourquoi, rejetant toute souillure et tout excès de malice, recevez avec douceur la parole qui a été planté en vous, et qui peut sauver vos âmes." James 1:19-21

"En toute l'humilité, laissons notre jardinier, Dieu, nous faire pousser avec la Parole, qui fait vous un jardin du salut dans votre vie." James 1, MNT, P. 480

Avant la fondation du monde, nous avons été choisis individuellement pour être mariée à Christ.

"En lui Dieu nous a élus avant la fondation du monde, pour que nous soyons saints et irrépréhensibles devant lui, " Ephésiens 1:4

En étudiant et méditant sur les principes dans ce livre, dirigez l'appel de Dieu dans votre vie. Mettez ce que vous lisez en pratique dans votre marche chrétienne, non seulement dans la recherche d'un partenaire, mais aussi dans votre relation avec Dieu.

Jésus suit le motif hébraïque du mariage d'une femme lorsqu'Il épouse la mariée (l'Eglise) qu'Il est venu recevoir sur la terre.

L'ancienne coutume hébraïque du mariage comprend quatorze parties spécifiques qui avaient toute une connexion directe à la valeur accordée à la femme. Ce sont les choses que vous devez rechercher et attendez avant de donner votre cœur à un homme simplement parce qu'il s'intéresse à vous ou vous traite bien.

Le Processus des Fiançailles

L'homme est responsable envers Dieu de vous trouver; Ça ne devrait pas être l'inverse. C'est bien de prier Dieu afin qu'Il diriger l'homme vers l'endroit où il peut vous trouver, et puisque vous pouvez faire entièrement confiance au Seigneur, vous pouvez détruire votre liste de choses à accomplir.

Si quelqu'un doit avoir la liste de choses à accomplir, c'est celui qui cherche le trésor, pas le trésor!

"Ce n'est pas vous qui m'avez choisi; mais moi, je vous ai choisis, et je vous ai établis, afin que vous alliez, et que vous portiez du fruit, et que votre fruit demeure, afin que ce que vous demanderez au Père en mon nom, il vous le donne. " Jean 15:16

L'Arrangement

Le père de la mariée est très important dans le processus de préservation de la bonne valeur chez la femme. Si un père naturel n'est pas présent, un père spirituel ou figure paternelle doit prendre sa place. Un des problèmes majeurs avec les pères retirés de la société, c'est qu'ils dévalorisent leurs filles aux yeux de leurs prétendants.

Le processus ne consiste pas à sortir avec la personne, mais courtiser, et pour que cela se fasse d'une manière appropriée, il est nécessaire qu'un père parle avec l'homme, comme un homme. Tout ce qui se passe dans ce processus est sous la supervision de son père. La fille à ce stade porte le nom de son père qui doit être protégé à tous les prix.

Une fois la fiancée est sélectionnée, les deux hommes se mettent en accord sur le prix que le futur époux potentiel doit payer pour marier la fille.

Remarquez qu'elle ne paie pas le prix, c'est l'homme! S'il est fauché, il n'y a pas de mariage. Ils peuvent dire au père à quel point ils sont amoureux, mais le père doit préserver la valeur de sa fille aux yeux de l'homme.

Le père sait que les choses auxquelles l'homme doit s'engager et acheter portent une plus grande valeur dans son cœur. C'est une des raisons pour laquelle une fois que l'homme a des relations sexuelles avant le mariage avec une femme, il n'a plus besoin d'elle, puisque que la valeur qu'il plaçait en elle était le sexe, et c'est maintenant coché sur sa liste. L'accord sur les prix garantit le fait que cette femme ne va pas être touchée jusqu'à ce qu'elle soit pleinement valorisée.

"Car vous avez été rachetés à un grand prix. Glorifiez donc Dieu dans votre corps et dans votre esprit, qui appartiennent à Dieu." 1 Corinthiens 6:20

"sachant que ce n'est pas par des choses périssables, par de l'argent ou de l'or, que vous avez été rachetés de la vaine manière de vivre que vous avez héritée de vos pères,

19 mais par le sang précieux de Christ, comme d'un agneau sans défaut et sans tache, " 1 Pierre 1:18-19

Le Contrat de Mariage

Ensuite, il y a un accord d'alliance entre le père, le futur pou potentiel, et l'épouse.

L'alliance ou contrat détaille les obligations du mari envers sa femme, à la fois dans le naturel et spirituel. Remarquez à nouveau où la responsabilité réside, c'est avec le mari et pas la femme. Lorsque Mme Adam a été présentée à Adam, elle n'avait absolument aucun besoin.

"Car ceci est mon sang, le sang de l'alliance, qui est répandu pour plusieurs, pour la rémission des péchés. " Matthieu 26:28

"Car c'est avec l'expression d'un blâme que le Seigneur dit à Israël: Voici, les jours viennent, dit le Seigneur, Où je ferai avec la maison d'Israël et la maison de Juda Une alliance nouvelle," Hebreux 8: 8

"Non comme l'alliance que je traitai avec leurs pères, Le jour où je les saisis par la main Pour les faire sortir du pays d'Égypte; Car ils n'ont pas persévéré dans mon alliance, Et moi aussi je ne me suis pas soucié d'eux, dit le Seigneur." Hebreux 8:9

"Mais voici l'alliance que je ferai avec la maison d'Israël, Après ces jours-là, dit le Seigneur: Je mettrai mes lois dans

leur esprit, Je les écrirai dans leur cœur; Et je serai leur Dieu, Et ils seront mon peuple". Hébreux 8:10

"Aucun n'enseignera plus son concitoyen, Ni aucun son frère, en disant: Connais le Seigneur! Car tous me connaîtront, Depuis le plus petit jusqu'au plus grand d'entre eux; " Hébreux 8:11

"Parce que je pardonnerai leurs iniquités, Et que je ne me souviendrai plus de leurs péchés." Hébreux 8:12

"En disant: une alliance nouvelle, il a déclaré la première ancienne; or, ce qui est ancien, ce qui a vieilli, est près de disparaître." Hébreux 8:13

Le Consentement de la Mariée

Même avec tous ce qui se fait entre le mari et futur époux potentiel, la femme doit donner son consentement. Elle détient tout le pouvoir de la décision; si elle ne veut pas l'accord, alors elle est couverte par son père, et l'homme n'a pas droit à elle. Son père peut tenter de la convaincre, mais elle a le droit de refuser. Par conséquent, personne ne peut vous forcer à donner votre vie à qui que ce soit. C'est votre choix, et vous ne devez le faire seulement que lorsque vous êtes proprement valorisée et honorée de la manière dont vous désirez.

"... Si tu confesses de ta bouche le Seigneur Jésus, et si tu crois dans ton cœur que Dieu l'a ressuscité des morts, tu seras sauvé. " Romains 10:9

154

Boire à la Coupe (Sceller les Fiançailles)

Cette partie de la tradition du mariage est très importante et doit être observée régulièrement. La plupart des gens participent seulement au scellage des fiançailles lors de la célébration de communion à l'église, mais Jésus a dit à ses disciples qu'ils devraient le faire souvent. Ceci permet à l'église de ce rappeler du fait qu'ils sont déjà achetés et mariés.

"Il prit de même la coupe, après le souper, et la leur donna, en disant: Cette coupe est la nouvelle alliance en mon sang, qui est répandu pour vous". Luc 22:20

"De même, après avoir soupé, il prit la coupe, et dit: Cette coupe est la nouvelle alliance en mon sang; faites ceci en mémoire de moi toutes les fois que vous en boirez. " 1Corinthiens 11:25

Mariée Reçoit les Cadeaux de l'Epoux

Le cadeau principal que l'homme donne à la femme est la bague. Avez-vous pensé au fait que la seule personne avec un cadeau avant la cérémonie est la femme? Valorisée!

La future mariée n'a pas à attendre le jour de célébration du mariage pour recevoir des cadeaux parce que le futur époux l'honore déjà en lui donnant des cadeaux avant la cérémonie.
C'est un autre exemple de la valeur accordée à la femme lorsqu'on lui offre pleins de cadeaux.

"En lui vous aussi, après avoir entendu la parole de la vérité, l'Évangile de votre salut, en lui vous avez cru et vous avez été scellés du Saint Esprit qui avait été promis,14 lequel est un gage de notre héritage, pour la rédemption de ceux que Dieu s'est acquis, à la louange de sa gloire. " Ephésiens 1:13-14

"Or, à chacun la manifestation de l'Esprit est donnée pour l'utilité commune. 8 En effet, à l'un est donnée par l'Esprit une parole de sagesse; à un autre, une parole de connaissance, selon le même Esprit; 9 à un autre, la foi, par le même Esprit; à un autre, le don des guérisons, par le même Esprit; 10 à un autre, le don d'opérer des miracles; à un autre, la prophétie; à un autre, le discernement des esprits; à un autre, la diversité des langues; à un autre, l'interprétation des langues. " 1 Corinthiens 12:7-10

Le Lavage de la Mariée (Sanctification)

Il s'agit d'un processus très important qui implique la femme seulement et ne nécessite pas l'aide d'une autre personne. Entièrement nue, elle entre dans une source d'eau qui coule et bouge. Elle doit plonger tout son corps dans l'eau à plusieurs reprises et répéter la bénédiction pour l'immersion.

Quand le croyant se repent de ses péchés (Lavage de l'Eau) et se retrouve en Christ (Immersion), alors cette personne se joint alors à Christ comme son épouse.

156

" Pierre leur dit: Repentez-vous, et que chacun de vous soit baptisé au nom de Jésus Christ, pour le pardon de vos péchés; et vous recevrez le don du Saint Esprit. " Actes 2:38

"Maris, aimez vos femmes, comme Christ a aimé l'Église, et s'est livré lui-même pour elle,26 afin de la sanctifier par la parole, après l'avoir purifiée par le baptême d'eau, 27 afin de faire paraître devant lui cette Église glorieuse, sans tache, ni ride, ni rien de semblable, mais sainte et irrépréhensible. " Ephésiens 5:25-27

L'Epoux Prépare une Place

"Il y a plusieurs demeures dans la maison de mon Père. Si cela n'était pas, je vous l'aurais dit. Je vais vous préparer une place. 3 Et, lorsque je m'en serai allé, et que je vous aurai préparé une place, je reviendrai, et je vous prendrai avec moi, afin que là où je suis vous y soyez aussi." John 14:2-3

Beaucoup de gens ont demandé pourquoi Jésus ne pouvait pas rester après la résurrection et établir son royaume à cette époque. Il aurait résolu beaucoup de problèmes, car l'ennemi a été vaincu, la mort et la tombe a été vaincus, et l'humanité pourrait reprendre sa place.

Jésus devait quitter afin d'achever le mariage et ajouter de la valeur à l'église (Mariée) qu'Il allait marier. C'est le mari qui s'en va pour pourvoir à la femme afin qu'elle puisse tout simplement entrer en sa possession. Comme je l'ai mentionné plus tôt, tout le poids du processus repose sur les épaules du mari, car c'est son mariage et elle est la couronne précieuse qu'il a découverte.

Consécration de la Mariée

La mariée est mise à part pour son mari, et personne d'autre ne peut prétendre à elle. Elle porte un voile pour indiquer qu'elle s'est donnée à quelqu'un, et va bientôt se joindre à lui là où il se trouve. L'église est mise à part, et voilée du monde et de tous les efforts qu'il y a pour l'inciter à s'impliquer dans les affaires du monde.

"Ainsi donc, frères, puisque nous avons, au moyen du sang de Jésus, une libre entrée dans le sanctuaire 20 par la route nouvelle et vivante qu'il a inaugurée pour nous au travers du voile, c'est-à-dire, de sa chair, 21 et puisque nous avons un souverain sacrificateur établi sur la maison de Dieu, 22 approchons-nous avec un cœur sincère, dans la plénitude de la foi, les cœurs purifiés d'une mauvaise conscience, et le corps lavé d'une eau pure. 23 Retenons fermement la profession de notre espérance, car celui qui a fait la promesse est fidèle. 24 Veillons les uns sur les autres, pour nous exciter à la charité et aux bonnes œuvres. 25 N'abandonnons pas notre assemblée, comme c'est la coutume de quelques-uns; mais exhortons-nous réciproquement, et cela d'autant plus que vous voyez s'approcher le jour." Hébreux 10:19-25

Le Retour de l'Epoux

La Bible enseigne que le Christ reviendra pour Son épouse l'église à l'heure prévue par Père. C'est la responsabilité du père de donner des instructions à l'époux dans la préparation. Une fois que la maison répond aux normes du père, l'époux peut alors aller recevoir son épouse dans sa nouvelle maison.

"Il leur répondit: Ce n'est pas à vous de connaître les temps ou les moments que le Père a fixés de sa propre autorité. " actes 1:7

"Que votre cœur ne se trouble point. Croyez en Dieu, et croyez en moi. 2 Il y a plusieurs demeures dans la maison de mon Père. Si cela n'était pas, je vous l'aurais dit. Je vais vous préparer une place. 3 Et, lorsque je m'en serai allé, et que je vous aurai préparé une place, je reviendrai, et je vous prendrai avec moi, afin que là où je suis vous y soyez aussi. 4 Vous savez où je vais, et vous en savez le chemin." John 14:1-4

"Ainsi donc, frères, puisque nous avons, au moyen du sang de Jésus, une libre entrée dans le sanctuaire 20 par la route nouvelle et vivante qu'il a inaugurée pour nous au travers du voile, c'est-à-dire, de sa chair, 21 et puisque nous avons un souverain sacrificateur établi sur la maison de Dieu, 22 approchons-nous avec un cœur sincère, dans la plénitude de la foi, les cœurs purifiés d'une mauvaise conscience, et le corps lavé d'une eau pure. 23 Retenons fermement la profession de notre espérance, car celui qui a fait la

promesse est fidèle. 24 Veillons les uns sur les autres, pour nous exciter à la charité et aux bonnes œuvres. 25 N'abandonnons pas notre assemblée, comme c'est la coutume de quelques-uns; mais exhortons-nous réciproquement, et cela d'autant plus que vous voyez s'approcher le jour. " Hébreux 10:19-25

De la même manière, l'église attend le retour du Christ et il doit attendre que le Père le laisse retourner. Il y a un débat sur comment et quand cela se produira, mais toute l'église est sûre qu'Il vient pour son épouse, et la cérémonie de mariage confirme ce fait.

La Marche du Retour à la maison du Père

L'époux ne rentre pas à nouveau dans la maison du père, mais se tient en dehors et appelle la mariée. Elle attend son retour et garde une lampe allumée à la fenêtre pour l'indiquer. Ses demoiselles d'honneur l'aident à se préparer puis elle quitte la maison de son père, et son mari se joint à elle avec des torches et lampes à huile qui brulent. La mariée est placée sur une couverture, puis élevée, portée, et célébrée par tous ceux qui regardent la cérémonie.

"Nous ne voulons pas, frères, que vous soyez dans l'ignorance au sujet de ceux qui dorment, afin que vous ne vous affligiez pas comme les autres qui n'ont point d'espérance.[14]Car, si nous croyons que Jésus est mort et qu'il est ressuscité, croyons aussi que Dieu ramènera par Jésus et avec lui ceux qui sont morts. [15]Voici, en effet, ce

que nous vous déclarons d'après la parole du Seigneur: nous les vivants, restés pour l'avènement du Seigneur, nous ne devancerons pas ceux qui sont morts. [16]Car le Seigneur lui-même, à un signal donné, à la voix d'un archange, et au son de la trompette de Dieu, descendra du ciel, et les morts en Christ ressusciteront premièrement. [17]Ensuite, nous les vivants, qui seront restés, nous serons tous ensemble enlevés avec eux sur des nuées, à la rencontre du Seigneur dans les airs, et ainsi nous serons toujours avec le Seigneur. [18]Consolez-vous donc les uns les autres par ces paroles." 1Thessaloniciens 4:13-18

Ce sont des écritures qui sont utilisées la plupart du temps aux funérailles, mais ils sont vraiment une autre partie de la cérémonie de mariage. Une fois qu'une personne fait partie de l'église, peu importe s'ils ont morts ou vivants, ils feront la marche de ce monde au Père.

"Au milieu de la nuit, on cria: Voici l'époux, allez à sa rencontre! [7]Alors toutes ces vierges se réveillèrent, et préparèrent leurs lampes. [8]Les folles dirent aux sages: Donnez-nous de votre huile, car nos lampes s'éteignent. [9]Les sages répondirent: Non; il n'y en aurait pas assez pour nous et pour vous; allez plutôt chez ceux qui en vendent, et achetez-en pour vous. [10]Pendant qu'elles allaient en acheter, l'époux arriva; celles qui étaient prêtes entrèrent avec lui dans la salle des noces, et la porte fut fermée." Matthieu 25:6 -10

Si la mariée n'est pas prête et sa lampe n'est pas éclairée à la fenêtre, elle pourrait être laissée derrière.

La Consumation

Toutes les choses qui concernent la cérémonie du mariage sont passionnantes et enrichissant, mais le mariage n'est vraiment scellé que lorsque les deux personnes se réunissent dans les rapports sexuels. Rappelez-vous, la femme détient le sceau de sang pour le mariage.

C'est vraiment important aux yeux de son père parce que cela va également indiquer sa fidélité envers lui et à son nom. Habituellement, l'hymen de la vierge est rompu et le sang coule, ce qui scelle l'accord de l'alliance du mariage, mais indique aussi qu'elle est vierge. S'il n'y a pas de sang, le mariage est terminé et la dote offerte au père doit être retournée. La femme doit être impeccable et pure pour que le mariage soit complet. Il s'agit d'un processus de sept jours où le couple est séparé des invités. À leur retour, le drap taché de sang est présenté au père de la mariée pour indiquer sa fidélité au mari.

"Maris, aimez vos femmes, comme Christ a aimé l'Église, et s'est livré lui-même pour elle, [26]afin de la sanctifier par la parole, après l'avoir purifiée par le baptême d'eau, [27]afin de faire paraître devant lui cette Église glorieuse, sans tache, ni ride, ni rien de semblable, mais sainte et irrépréhensible. " Ephésiens 5:25-27

Une fois que le croyant a appris à connaître le Christ, il doit faire tout dans son pouvoir sous la direction du Saint-Esprit pour reste sans souillures pour l'époux.

Le Dîner de Noces

Lorsque le couple retourne chez les invités, ils partageront une coupe de vin.

"Réjouissons-nous et soyons dans l'allégresse, et donnons-lui gloire; car les noces de l'agneau sont venues, et son épouse s'est préparée, " Apocalypse 19:7

"Je vous le dis, je ne boirai plus désormais de ce fruit de la vigne, jusqu'au jour où j'en boirai du nouveau avec vous dans le royaume de mon Père." Matthieu 26:29

Nombreux sont ceux qui indiquent qu'il est normal de boire un peu de vin, même une fois que vous êtes devenu chrétien, et beaucoup le font. J'ai toujours eu la conviction que si Jésus ne va pas à encore boire jusqu'à je sois un avec Lui, alors je ne boirais pas de vin ou boisson alcoolisée non plus.

Je veux que la cérémonie de mariage s'accomplisse de la manière dont il veut qu'elle soit.

Comme vous pouvez le voir, si vous êtes un chrétien, alors vous êtes déjà dans le processus de vous marier. Si vous cherchez seulement un homme pour satisfaire vos besoins, alors vous n'êtes probablement concentré sur les besoins du Seigneur.

Ce que j'ai découvert, c'est que lorsque je me concentre sur les choses concernant Jésus, Il prendra soin des choses qui me concernent. Jésus veut nous marier pour que le monde puisse voir la manière dont il nous aime à travers l'amour que nous portons l'un à l'autre.

Il veut être votre premier amour, puis Il nous donne un partenaire.

Section 6: Le Mouvement

Chapitre 12: Naomi et Ruth

ⓒ৪৪০

" Le cœur d'une femme
devrait être si caché en Dieu
que l'homme doit le chercher
pour la trouver ! "

~Maya Angelou

৪০ⓒ৪

Le chapitre précédent a été principalement écrit pour la femme célibataire, mais il parle beaucoup sur la valeur de toutes les femmes. Ce chapitre est conçu pour aider les femmes dans leurs poursuites tout au long de leurs vies, dans n'importe quel domaine de la vie.

Pendant que je lisais le livre de Ruth pour la célébration annuelle des femmes dans notre église à Charlotte en Caroline du Nord, j'ai découvert un principe qu'on doit chercher et suivre à jamais.

Ce principe devrait être établi parce qu'il doit résider dans la vie de chaque personne; les hommes et les femmes doivent s'assurer qu'ils opèrent tous à partir de ce principe.

Chaque fois que vous trouvez quelqu'un qui est constamment en difficulté ou qui ne parvient pas à donner un sens à son existence, vous verrez qu'il a violé ce principe. Salomon a parlé de ce principe à plusieurs reprises dans les Proverbes comme un tout pour réussir, mais beaucoup trop de croyants l'ont tenu pour acquis.

Des mariages ont échoués partout sur terre tout simplement parce que ce principe que chaque personne dans le mariage devrait suivre n'a pas été suivi. Il n'est pas suivi parce que les gens sont tellement occupés, négligent ou ignorent le fait qu'ils en ont besoin.

Quel est ce principe, vous vous demandez?

C'est le mentorat et la consultation.

"Car tu feras la guerre avec prudence, Et le salut est dans le grand nombre des conseillers. " Proverbes 24:6

"Les projets échouent, faute d'une assemblée qui délibère; Mais ils réussissent quand il y a de nombreux conseillers. " Proverbes 15:22

"Toi donc, mon enfant, fortifie-toi dans la grâce qui est en Jésus Christ.2 Et ce que tu as entendu de moi en présence de beaucoup de témoins, confie-le à des hommes fidèles, qui soient capables de l'enseigner aussi à d'autres. " 2 Timothée 2:1,2

168

Vous devez non seulement avoir un conseiller, mais la bible indique que vous avez besoin de nombreux conseillers.

Ce ne sont pas seulement les gens que vous appelez mentors, mais les gens avec qui vous discutez et prenez des décisions importantes. Ils aident quand il y a des échecs dans la vie et se réjouissent avec vous pour les victoires.

Ce mentor devrait être une personne qui a la tête sur les épaules, très équilibrée qui ne va pas s'élever quand les choses vont bien ou se diminuer quand les choses vont mal.

C'est ce que Naomi était pour Ruth !

Naomi était la belle-mère de Ruth et Orpa, deux femmes de Moab qui ont épousé ses deux fils.
Après la mort de ses fils, Naomi dit aux femmes retourner à leur terre natale afin de trouver de nouveaux maris et vivre leur vie.

La conversation qu'elle a eue avec les deux femmes nous dit beaucoup de choses sur Naomi et la relation qu'elle avait avec les femmes. Elle n'aurait pas pu être une belle-mère qui était en compétition avec les femmes de ses fils. Elle a eu une relation mère/fille avec ces femmes, et elles ne voulaient pas la quitter après la mort de leurs maris.

Dans la série télévisée" Les Jeffersons , " la mère de George Jefferson n'a jamais été une mère pour son épouse Louise . Pour elle, George avait toujours raison et elle était en compétition constante avec Louise.

Si George Jefferson était mort avant sa mère dans la série, Louise n'aurait absolument plus rien à voir avec la mère de George.

Mais ce n'était pas le cas avec Naomi et ses deux belles-filles. Même quand elle leur a dit de partir, elles ont résisté; et même si Orpa avait finalement cédé et rentra chez elle et Ruth resta avec Naomi.

"Ruth répondit: Ne me presse pas de te laisser, de retourner loin de toi! Où tu iras j'irai, où tu demeureras je demeurerai; ton peuple sera mon peuple, et ton Dieu sera mon Dieu;17 où tu mourras je mourrai, et j'y serai enterrée. Que l'Éternel me traite dans toute sa rigueur, si autre chose que la mort vient à me séparer de toi!18 Naomi, la voyant décidée à aller avec elle, cessa ses instances. " Ruth 1:16-18

Naomi était devenue un mentor pour Ruth et elle n'était pas sur le point de prendre ça à la légère. Ça s'est montré très utile une fois de retour à la ville natale de Naomi, Bethlehem de Judée quand Ruth a demandé de sortir pour récolter dans les champs afin de trouve de la nourriture.

Alors qu'elle se tenait dans les champs en train de travailler, Boaz, parent d'Elimelech qui est le défunt mari de Naomi, remarqua Ruth et lui offrit d'autres opportunités pour récolter. Il était très riche et très intéressé par Ruth, mais elle était présente dans le champ parce Naomi lui avait dit d'y être.

Il est très apparent que d'après ces écritures Ruth était une belle femme, mais Boaz lui dit qu'elle a trouvé grâce à ses yeux à cause de la manière dont elle est restée avec Naomi pour s'occuper d'elle. La manière dont elle a accordée de la valeur à leur relation a vraiment touché son cœur.

La plupart des femmes ne se rendent pas compte que les hommes détestent les entendre se disputer et causer des problèmes. En fait, aucune plainte, confusion et mots d'amertume ne sonnent bien aux oreilles d'un homme. Nous n'aimons pas quand une femme a des problèmes avec une autre. Je pense que ça tient du fait que les femmes ne sont pas issues de la poussière! Et les hommes veulent entendre le bon son qui vient des femmes, qui n'est pas le son de la colère et confusion.

Quand les hommes écoutent des femmes qui s'entendent bien et ont un respect mutuel, cela plaît vraiment à leur cœur. C'est ce qui a rendu Ruth encore plus attirante aux yeux de Boaz , et il n'allait pas laisser cette femme s'en aller.

Quand elle parla à Naomi de la faveur qu'elle avait trouvée avec Boaz, et comment les champs étaient ouverts pour qu'elle récolte, Naomi lui indiqua comment se placer de sorte que les autres femmes ne soient pas jalouses d'elle pendant qu'elle accomplit sa tâche.

Cela aurait pu devenir un problème majeur si les femmes qui voulaient Boaz refusaient qu'elle récolte plus qu'elle, ou si leur méprise les conduisait à l'attaquer ou lui rendre la vie difficile.

La sagesse de Naomi a aidé Ruth à comprendre comment se déplacer à travers ce champ de mines potentiel pour que les autres femmes ne la détestent pas, et pour que tout avance bien. C'est ce que devrait faire un mentor; ils devraient vous aider à vous protéger des problèmes potentiels. Une fois l'information ou des instructions sont données, vous devez écouter, même si vous n'êtes pas nécessairement d'accord.

C'était Naomi qui a donné les instructions à Ruth d'aller se placer de manière à gagner le cœur de Boaz. Ruth a suivi son instruction à la lettre, et a attiré l'attention de Boaz sans qu'elle ait a compromettre ses standards.

Beaucoup de femmes essaient de gagner les hommes qui leur plaisent par elles-mêmes, ce qui peut être une erreur. Remarquez que Ruth n'avait pas besoin de discuter de cette question avec les autres servantes, car elle avait déjà un mentor.

Elle n'a pas utilisée son expérience de femme mariée non plus pour attirer l'attention de Boaz? Beaucoup de femmes qui essaient d'utiliser ces tactiques ont tendance à se retrouver avec Bozo au lieu de Boaz.

Boaz était en mesure de prendre soin de Ruth, alors que Bozo a généralement besoin de quelqu'un pour prendre soin de lui. Boaz approche la femme d'une manière valorisée, où Bozo pense qu'il est le prix.

Je peux continuer mais vous comprenez là où je vais. La chose la plus importante est que vous devez fuir loin de Bozo et vous préparer pour Boaz. Votre mentor vous aidera à vous préparer à rencontrer votre Boaz!

Avez-vous une Naomi dans votre vie?

Si vous n'en avez pas, il est très important d'en trouvez une. Quand j'ai marié ma femme, elle avait une Naomi nommé Mary Katherine. Elle était une chère sainte qui est maintenant avec le Seigneur.
Cette femme a aidé ma femme pendant les jours ou je me comportais comme un Bozo au lieu de Boaz.
Elle l'a aidée à garder le cap et à prier à travers les problèmes que de nombreux couples doivent affronter pendant leurs premières années.
Elles parlaient pendant des heures, et quand elles avaient fini, beaucoup de problèmes qu'on avait commençaient à se dissiper.

C'est parce qu'elle a aidé ma femme à les voir différemment. Mary Katherine était une grande raison pour laquelle nous avons pu avancer dans nos deux premières années de mariage.

La bible dit que les femmes âgées doivent enseigner aux jeunes femmes. La même chose est vraie pour les hommes; un homme a besoin d'un autre homme de sa vie pour parler des choses qu'il traverse. Ce que je dis aux femmes c'est de ne jamais s'engager dans une relation avec un homme qui n'a pas un homme dans sa vie qui lui "non" et l'écoute. C'est très important pour une femme d'avoir une Naomi aujourd'hui.

Si vous remarquez bien, Ruth n'a pas été à la recherche d'un mari. Sa préoccupation était Naomi, et il est arrivé que Boaz se promène dans le champ ou elle récoltait.

Concentrez-vous sur la bonne chose et Dieu ouvrira les yeux de l'homme qui va vous trouver. Quand ça se produit, au lieu d'être contente de l'attention que vous recevez, discutez-en avec votre mentor. Si vous êtes déjà mariée, avant de discuter des problèmes potentiels avec votre conjoint, entretenez-vous avec votre mentor, il vous aidera à aborder le problème de la bonne manière.

La question qui suit est, de quelle Naomi êtes-vous?

Il y a tellement de jeunes femmes qui n'ont pas la moindre idée de ce que cela signifie d'être valorisée en tant que femme. Ces femmes ont besoin d'une bonne orientation.

Elles regardent des artistes et des films pour avoir leurs valeurs. Elles ne sont pas prêtes à écouter leurs parents parce qu'ils sont l'ennemi dans leurs esprits.

Ces femmes ont besoin de quelqu'un de confiance à qui elles peuvent faire confiance, et qui les aidera à développer une vision équilibrée de la vie. Rendez-vous disponible à une Ruth (jeune femme dans le besoin de conseils) et regardez sa vie s'épanouir.

Ruth marie Boaz , et de ce mariage nous obtenons la lignée divine .

"Les femmes dirent à Naomi: Béni soit l'Éternel, qui ne t'a point laissé manquer aujourd'hui d'un homme ayant droit de rachat, et dont le nom sera célébré en Israël!15 Cet enfant restaurera ton âme, et sera le soutien de ta vieillesse; car ta belle-fille, qui t'aime, l'a enfanté, elle qui vaut mieux pour toi que sept fils.16 Naomi prit l'enfant et le mit sur son sein, et elle fut sa garde.17 Les voisines lui donnèrent un nom, en disant: Un fils est né à Naomi! Et elles l'appelèrent Obed. Ce fut le père d'Isaï père de David.
" Ruth 4:14-17

Et c'est Jésus qui est appelé plus le grand fils de David. Sans les conseils de Naomi, Jésus aurait eu besoin d'une autre ligne de naissance et ça aurait changé plus de choses que nous avons le temps de discuter ici.

Parce que Ruth avait Naomi, nous pouvons maintenant dire que nous avons un Sauveur !

Le Résumé

Au début, nous avons discuté que Dieu a créé l'homme et la femme pour régner sur les œuvres de Ses mains. Ils ont eu la possibilité de dominer (" radah " en hébreu) sur les choses qui devaient se soumettent librement, et la capacité supplémentaire de subjuguer, ou " Kabash " les choses qui seraient indisciplinées.

Après avoir donné ce domaine a l'homme et de la femme, Dieu a créé l'homme dans le naturel. Il est descendu et a façonné l'homme à partir de l'argile, injecta dans ses narines un souffle de vie, et l'homme devint une âme vivante.

L'homme est placé dans le jardin d'Eden pour le cultiver et le protéger. La culture du Jardin avait plus à voir avec le culte d'adoration que le travail car il n'y avait rien qui nécessitait des travaux. Et si Adam travaillait dans le jardin, comment le travail aurait-il pu être considéré comme une partie de la punition que Dieu a donné une fois que la désobéissance s'est produite?

Adam prenait soin du culte d'adoration où Dieu descendait pour communier avec lui. De la même façon, c'est la responsabilité de l'homme de garder sa demeure avant de se joindre à une femme. Une des premières questions qu'une femme doit demander un homme est, " Pouvez-vous me parler du temps que vous passez à adorer Dieu ? " ou " Quelle était la dernière chose que Dieu vous a donné dans cette relation avec lui? "

C'était de l'habitude du culte d'adoration d'Adam que Dieu a pris la décision d'introduire sa femme sur la scène.

La femme a été créée pour se joindre à l'homme dans une vraie adoration, qu'aucune autre créature sur la terre ne pouvait donner. Elle a également été appelée à être son "aide semblable" et non sa compagne. L'aide semblable est celle qui est se tient devant pour annoncer la vision et les buts de l'union. Quand une femme se met sur cette position, elle est protégée et peut fonctionner à partir d'une place d'autorité avec courage.

Par conséquent, elle n'est pas derrière l'homme pour le rendre grand, il est derrière pour la rendre grande, ce qui les rend tous les deux grands. L'Eglise est appelée l'épouse du Christ, mais elle n'est pas responsable de rendre Jésus grand. Jésus soutient l'église pour qu'elle accomplisse ce qu'Il a fait et même plus.

Quand mari et femme fonctionnent de cette manière, leur union est plait au Seigneur et entraine Dieu a couvrir leur demeure de Ses bénédictions.

La femme a été créée pour se joindre l'homme, mais n'a pas été créé de la même manière que l'homme. Dieu a pris la cote de l'homme et a créé la femme. Au fond, la femme n'a pas été créée de la poussière, mais de l'homme afin qu'il lui accorde de la valeur puisqu'elle était os de ses os et chair de sa chair.

Ce n'était pas autre être qui s'ajoute à l'équation, mais le même qui s'accroit. L'homme a été le premier être humain sur la terre pour donner naissance à un autre être humain, et elle a été appelé " la femme!"

Adam a reconnu à quel point la femme était précieuse dans la conception et sa fonction, mais il est clair qu'Adam n'a pas utilisé le titre de la femme pour communiquer avec elle. Genèse 5 indique que leur nom était Adam quand ils ont été créés.

M. et Mme. Adam habitaient dans le jardin et louaient ensemble parce qu'ils étaient un. Quand Dieu est descendu dans la fraîcheur de la journée et a appelé Adam, ils sont venus tous les deux. Il y avait un homme avec une identité qui habitait dans le jardin et servait Dieu!

La création était une chose impressionnante, mais elle n'a été complète que lorsque la femme a été créée. Nous pouvons dire que Dieu a gardé le meilleur pour la fin, et qu'Adam était extrêmement reconnaissant. Dieu a placé une la valeur dans la femme qu'Adam a acceptée totalement et a cherché à protéger. Quand une femme dévalue sa vie pour la compagnie de l'homme, elle détruit tout ce que Dieu a fait pour lui accorder de la valeur.

Elle dit en quelque sorte que Dieu aurait juste dû la créer à partir de la poussière comme il a fait pour l'homme. J'ai parlé avec beaucoup de femmes sur les différentes manières dont la société les considère par rapport à leurs homologues masculins. Mes cinq filles m'ont toutes demandé à un certain point pourquoi elles doivent se comporter, s'habiller et / ou se présenter différemment que les jeunes hommes avec qui elles ont grandi.

Le fait qu'elles ont été créées à partir de chair et os et pas la poussière nécessite une attitude et position différente. D'autre part, parce qu'elles me reflètent dans le monde, savent qui elles sont, et ne vont rabaisser leurs standards pour qui que ce soit.

De nouvelles statistiques recueillies par l'université de l'état de l'Ohio indiquent que les hommes pensent au sexe 10 à 19 fois par jour en moyenne. L'ancienne statistique où on pense au sexe toutes les sept secondes a été prouvée surestimée.

Les recherches prouvent que les hommes pensent au sexe plus que les femmes, mais ces pensées sont à égalité avec celles de la nourriture et du sommeil. Le sexe est une grande motivation pour les hommes dans une relation et Dieu voulait qu'il en soit ainsi.

La conception a été faite de manière que l'homme s'attache à la femme que Dieu lui a donnée. Lorsque les femmes permettent qu'on utilise leur corps avant que l'homme n'ait le désir de s'attacher, la femme commet une grave erreur.

Dieu à créer l'organe reproducteur de la femme afin que par lui la vie répande sur la terre, et pour donner à Dieu un chemin vers le monde si Adam échouait. Adam a échoué et Jésus est entré dans la terre à travers les entrailles de Marie.

Depuis ce temps, l'ennemi a fait tout en son pouvoir pour pervertir l'organe reproducteur de la femme, Le désir des hommes de s'attacher à la femme a également été perverti à travers une multitude d'images déformées et les attitudes associées à l'organe reproducteur et la femme. Une femme ne doit pas offrir son corps à un homme qui prétend l'aimer juste pour avoir une relation sexuelle. Il ne saura pas valoriser tout ce qui vient aussi facilement.

Une des choses les plus difficiles que je fais c'est de transmettre aux femmes l'attitude des hommes. Puisqu'une femme est loin de comprendre comment un homme pense, elle ne peut pas croire que les hommes sont comme ça. J'ai eu cette conversation tellement de fois que je ne sais plus compter nombre, et même si la femme semble écouter, elle garde toujours l'espoir que je me trompe.

Il y a des choses sur les femmes que vous comprenez et voyez facilement que les hommes n'arrivent simplement pas à comprendre. Pourquoi est-il si difficile pour les femmes de comprendre que les hommes pensent de manière différentes que les femmes?

Croyez-moi, quand il s'agit de sexe, les hommes et les femmes pensent très différemment sur le sujet. Pour cette raison, il est important d'avoir un homme dans votre vie avec qui vous pouvez discuter sur la question et qui n'essayera d'en tirer profit.

Une fois les femmes comprennent vraiment que Dieu leur a donné une plus grande capacité et plaisir dans le sexe, elles feront de sorte que les hommes ne s'accapare plus de cette partie de la relation. Le sexe est principalement pour les femmes, et nous avons prouvé ce fait à partir de la conception physique du corps, le sceau de l'alliance et le centre du plaisir de l'organe reproductif.

Tout dans la société nous amène à croire que le sexe est conçu pour les hommes. Tout ça s'est produit à cause de la chute d'Adam et le fait que le désir de la femme est maintenant faire plaisir à son mari. Cette partie de la malédiction signifie que ses désirs primaires ont été retirés de Dieu et placés sur son mari. Jésus est venu pour enlever la malédiction et restaurer la relation que l'homme et la femme avaient avec Dieu depuis le début, ce qui a permis à la femme de chercher Dieu en premier, avec et non à travers son mari.

Une fois en Jésus, elle est protégé contre la possibilité de devenir un objet sexuel, le sexe devient le moyen à travers lequel le couple apprécie son unité, l'homme se révèle sa femme et s'attache encore plus à elle.

C'est au cours de ce processus, grâce au centre du plaisir de la femme qu'elle émet le son qui remplit le cœur d'un homme avec joie. Les hommes sont programmés pour satisfaire et plaire à une femme, et quand il sait qu'il l'a satisfaite, il est la personne la plus heureuse de la planète.

Une des clés pour avoir une relation bénie est d'amener le son de la satisfaction et plaisir en dehors de la chambre dans sa vie de tous les jours. Ce n'est pas un son sensuel ou de flirt, mais plutôt le genre de son qui indique " je suis heureux de t'honorer et être avec toi ".

La plupart des hommes ont soif de ce son et le poursuivront sans même savoir qu'ils le font. Des hommes se rendront tous les jours au même magasin, après avoir dépassé de nombreux autres magasins du même genre, rien que pour parler avec une employée qui est gentils et l'honore.

Il portera la même chemise ou cravate souvent parce qu'une femme lui a dit que ça lui va bien. Une femme qui parle à un homme en utilisant le son fera faire fondre le cœur de l'homme le plus dur.

Les femmes ont essayé de forcer les hommes à faire ce qu'elles veulent en s'agitant ou se plaignant, mais ce son emmène l'homme à la résister encore plus. Rappelez-vous, la femme a été créée comme une aide semblable à l'homme, placée à l'avant avec la responsabilité de l'annoncer.

Quand la femme se tourne vers l'homme et lui fait face, elle est hors de sa position, et il doit alors lui résister comme un ennemi et non comme la personne qui le complète. J'apprends aux femmes de mon église débattre avec la perspective de la vision et des objectifs, ce qui est très difficile à résister, car ça nécessite le bon son.

Toutes ces choses se mettent en place afin que le vrai mariage puisse être vu et entendu, ce qui correspond au mariage entre le Christ et l'Eglise.

C'est le mariage le plus important et sera toujours l'exemple de toutes les relations humaines et des mariages. Avec la société qui s'éloigne de ce que le mariage est et doit être, la seule chose qui est immuable, c'est le mariage entre le Christ et Son Église.

Pour que l'église comprenne clairement que Jésus est l'époux de l'église, Il suit les rituels juifs pour le mariage. De sa venue sur la terre à la manière dont Il est parti avec une promesse de revenir, tout est parfaitement aligné avec le rituel du mariage. Toute ce dont l'église est responsable pendant que Jésus est parti accompli totalement la responsabilité de la future mariée qui attend Jésus, en conformité avec la future mariée juive.

L'humanité fait ce qu'elle veut pour changer le mariage et débattre sur qui devrait et ne devrait pas se marier alors qu'il a le vrai mariage entre un mari et une femme qui se célèbre juste en face d'eux.

Le mariage concerne une alliance, et pas seulement un contrat; les deux personnes s'engagent dans un accord jusqu'à la mort. Le seul moyen de sortir d'un accord d'alliance est à travers la mort.

C'est de quoi Adam parlait quand Dieu lui a présenté son épouse Mme Adam, et déclaré que l'homme doit quitter son père et sa mère et devenir un avec sa femme. Il n'existe aucun moyen de diviser quelque chose qui est devenu un sans la détruire. L'alliance est plus grande que la relation qu'il avait avec ses parents. Ce qui donne une plus grande valeur à la femme qu'aux parents, et même les enfants une fois qu'ils arrivent dans la famille.

Beaucoup n'acceptent pas l'alliance, et s'engagent dans la cérémonie de mariage préoccupés par ce qui va se passer aux noces qu'au vrai mariage. On passe beaucoup plus de temps dans la préparation des noces que dans celles du mariage.

Pour cette raison, les femmes célibataires portent leur attention à la robe de mariée, la décoration, et le gâteau qu'a la préparation de leur vie pour celui qui va honorer et protéger leur valeur.

La répétition générale pour le mariage a lieu lorsque deux personnes décident de vivre ensemble sans la responsabilité de l'alliance. La société a décidé que c'est acceptable et s'attend même à ce que la répétition ait lieu avant le vrai mariage.

Une chose que je sais à propos des hommes c'est que si je peux obtenir le lait gratuitement, vous ne pouvez pas me convaincre d'acheter la vache ou même aller au magasin. Pourquoi travailler pour ce qu'on a déjà? Les hommes sont des chasseurs de nature, ce qui signifie qu'il y a beaucoup d'efforts dans la préparation pour abattre la proie, mais une fois abattue, il cesse de chasser. L'homme expose la tête de la proie en haut sur son mur. Il n'est pas nécessaire de continuer à chasser quelque chose qu'on a déjà attrapé.

La plupart des femmes ne pensent pas comme un chasseur parce qu'elles ont une certaine image à l'esprit alors que les hommes ont en une complètement différente. C'est pourquoi certaines personnes vivent ensemble pendant des années sans se marier; l'homme est celui qui ne peut pas comprendre pourquoi ils devraient gâcher une bonne chose en ajoutant le mariage à l'équation. La femme veut la sécurité, mais l'homme qui est déjà en bonne sécurité pense que ce n'est pas nécessaire, et ne comprend pas pourquoi la femme ne voit pas les choses comme lui.

Les femmes célibataires doivent donner de la valeur à leur vie en laissant " M. La bonne Personne" aller afin qu'on les aime de la manière dont Dieu veut qu'elles soient aimées!

Toutes les femmes doivent s'unir pour apprendre à s'aimer et à se respecter, et toujours se rendre compte qu'il y a quelqu'un qui les aime d'un amour éternel. Il s'agit d'un amour vrai et durable qui vient du Père.

Par conséquent, avant d'accepter un homme dans votre vie, vous devez vous concentrer sur cet amour. Avant que

Dieu amène Mme Adam à Adam, nous avons l'idée que Dieu a passé quelque temps seul avec elle. Je crois que ça a été fait de la sorte pour qu'elle ait une expérience avec Dieu semblable à celle qu'Adam a eu dans la vraie adoration seul le Seigneur.

Quand une femme comprend ce principe, elle va chercher un homme qui a intégré la vraie relation d'amour dans sa vie. Il est facile à repérer, car sa priorité est axée sur les choses de Dieu et non sur les pièges qui l'entourent.

Mais il peut être difficile à trouver, donc je vous recommande d'avoir une femme dans votre vie qui peut vous aider à repérer cet homme. Cette femme est votre Naomi, elle a de l'expérience dans ce domaine et peut vous aider à prendre votre décision.

Vous devez avoir une Naomi et être une Naomi pour quelqu'un d'autre. Les femmes aimes les relations relationnelles et peuvent s'apprécier sans vraiment se connaître, mais elles peuvent aussi ne pas aimer une autre sans raison apparente. Cela m'a toujours intéressé avec les femmes; comment pourraient-elles ne pas aimer une autre personne de l'autre cote de la pièce. Les recherches indiquent que les femmes ont une capacité de sentir les choses que les hommes ne peuvent pas, ce qui peut les amener à être plus prudents dans leurs relations avec les gens.

Mais j'ai observé le fait que, parfois, l'ennemi s'implique pour causer des problèmes entre les femmes pour empêcher les desseins de Dieu. La Bible enseigne que les femmes plus âgées devraient être les enseignants des jeunes femmes afin qu'elles ne soient pas saisies par les choses qui les éloignent de l'appel de Dieu pour leur vie.

Lorsque les femmes apprennent à aider, honorer, et protéger l'autre, il y aura un mouvement sur la terre qu'on ne pourra arrêter. Les conférences et séminaires de la vraie valeur sont conçus pour aider les femmes a mieux comprendre et à se regrouper pour des objectifs qui honorent Dieu.

Les réunions sont organisées de sorte que les femmes puissent utiliser leur livre et autres matériaux qui les aident à progresser dans leur estime de soi et but dans la vie.

Ce n'est que le début de ce je crois va changer la façon dont les choses se développent dans notre monde. Les hommes ont besoin de femmes qui savent qui elles sont, ce qu'elles veulent, et pourquoi elles sont ici!

Lorsque ça se produira, il y aura un changement tant espéré sur la manière dont beaucoup voient les choses ou agissent dans la société. Remarquez que les émissions télévisées où il a des femmes assises autour pour discuter des problèmes de la société ne permettent pas aux femmes de comprendre leur valeur d'un point de vue biblique, mais plutôt d'un point de vue libéral qui n'est pas l'intention de Dieu.

Ce sont les filles d'Eve et on doit avoir des filles de Sarah qui vont se lever et s'opposer à cette idéologie sans détruire leurs sœurs. Elles doivent avoir la mentalité de toujours aider les femmes à accomplir la destinée que Dieu leur a donné.

Allez-vous rejoindre le mouvement ?
Pour plus d'informations contactez-nous au : www.betheloic.com

Comprenez que **Vous** avez été conçue pour être spéciale, par conséquent vivez votre vie comme si vous spéciale!